L'INTRIGVE

DES

FILOVS

COMEDIE.

A PARIS,

Chez ANTOINE DE SOMMAVILLE, au Palais, dans la
petite Salle des Merciers, à l'Escu de France.

M. DC. XLVIII.

AVEC PRIVILEGE DV ROY.

(4)

A MESSIRE

CHARLES TESTV,

CONSEILLER DV ROY

EN SON CONSEIL D'ESTAT,

MAISTRE D'HOSTEL ORDINAIRE

DE SA MAIESTE,

CHEVALIER ET CAPITAINE DV GVET DE PARIS.

MONSIEVR;

Ie ne sçay quel iugement vous ferez de moy , & si vous ne m'accuserez point d'extrauagance , ou du

moins d'inciuilité, de vous deman-
der auiourd'huy voftre protection
pour ceux là mefmes dont vous auez
entrepris la ruine. La Charge qu'on a
donnée à voftre vertu, & qui depuis
tantoft vn fiecle a paffé de pere en fils
dans voftre Maifon, vous oblige à
faire la guerre à ces Ennemis cachez,
qui la font indifferemment à tout le
monde, & portent leurs mains facri-
leges iufques dans les Temples & fur
les Autels. Cependant, quoy qu'il
foit de voftre deuoir de les extermi-
ner tous, i'ofe vous en prefenter icy
quelques vns, pour vous prier de les
traiter fauorablement, & d'embraffer
leur deffenfe. Il eft vray qu'il n'eft
bruit que de leur Intrigue, & toutesfois pour eftre des plus fameux, ils ne

font pas des plus coupables. Car apres
tout qu'ont-ils fait ? Ils ont fait possible, autant que les autres ; mais leur
addreſſe eſt leur excuſe : elle a comme faſciné les yeux de leurs Teſmoins,
en leur faiſant voir que les crimes ſont
beaux quand ils les font ; & qu'il y
peut auoir de la gloire à faire le me-
ſtier dont ils ſe meſlent. Auſſi, MON-
SIEVR, il y a fort peu de plaintes
contr'eux, Ils n'ōt point de Partie. Aucun ne vous preſſe de mettre vos Gens
en campagne pour les pourſuiure ; &
ſi vous daignés vous entretenir auec
eux de leurs tours de ſoupleſſe, ils
vous feront paſſer peut eſtre quelques
heures aſſez agreablement. Les termes
dont ils expriment leurs penſées ſont
groteſques ; la maniere dont ils attra-

pent les plus Fins , l'eſt encore dauantage , & le Receleur dont ils ſe
ſeruent n'eſt pas fou , mais il n'eſt
gueres moins plaiſant que s'il l'eſtoit.
Il n'eſt point de melancholie à l'eſ-
preuue de ſa mine , & de ſon langage ; & il faudroit eſtre plus chagrin
que ce Philoſophe qui pleuroit touſiours, pour ne pas rire au recit de ſes
aduantures. Enfin , MONSIEVR,
ils ſont le diuertiſſement & des yeux,
& des oreilles ; & comme ils ont plus
d'agréement ou de bon-heur que les
autres , ils ont auſſi plus de priuile-
ge. On permettoit en Lacedemone
de voler en ſecret, mais on leur permet icy de voler en public , & cette
nouuelle permiſſion apporte plus d'v-
tilité que de dommage. Ce ſont des

Ennemis defcouuerts , & qui def-
ployant leurs fineffes à la veuë du Peuple & de la Cour , enfeignent la Cour
& le Peuple à fe garder d'en eftre trom-
pez. Mais quelque licence & quelque applaudiffement qu'on leur donne dans les Affemblees, ils en pren-
nent peu de vanité, & fe desfient auecque raifon de l'approbation de la Mul-
titude. Quoy que ce Monftre ait vn
nombre infiny d'yeux, il ne voit que
la fuperficie des chofes ; & pour auoir
tant de teftes , il n'en a pas plus de iugement. Ils croyent donc que c'eft à
vous & non pas à luy à prononcer fur
leurs actions ; & ils ne font entrez
chez vous qu'auec crainte , fçachant
bien que ce qu'il admire le plus eft
quelquesfois ce que vous condamnez

dauantage. Ils apprehendent d'eſtre
examinez en particulier par vn Iuge ſi
clair-voyant, & ſi iuſte, & de n'eſtre
rien moins dans le Cabinet, que ce
qu'ils paroiſſent ſur le Theatre. Certes,
MONSIEVR, ils ont beau faire les
aſſeurez, ils ne diſent pas vn mot qu'ils
ne tremblent; & ie n'en excepte pas
meſme ce Compagnon, qui parmy
eux tranche du ſçauāt, & qui n'aymant
pas moins l'eſtude, que le larcin, eſt deuenu borgne à force de lire. Il me ſem-
ble toutesfois qu'ils ne ſont pas ſi crimi-
nels qu'ils s'imaginent, & qu'eſtant plus
dignes de faueur que de chaſtiment,
voſtre bonté peut parler pour eux à voſtre iuſtice. Ce ne ſont pas des Filous
ordinaires, de ces Trouble-feſtes, dont
la rencontre eſt importune. On ac-

EPISTRE.

court en foule pour les veoir; & comme il y a plus de gloire à les proteger qu'à les perdre, ie pourrois les addresser sans rougir au plus grand Prince de la terre ; mais ie ne veux tenir leur grace que de vous, & pour l'obtenir, ie vous offrirois mesmes des presens, n'estoit que vous n'estes pas moins incorruptible que ie suis,

MONSIEVR,

Vostre tres-humble, & tres-obeyssant seruiteur,
DE LESTOILLE.

LETTRE DE Mr BALLESDENS

A Mr DE LESTOILLE.

MONSIEVR,

Il faut que vous soyez bien ennemy de vostre gloire, puisque vous n'estes pas venu Ieudy dernier à Fontaine-bleau. Ie vous y auois conuié par mon Billet, pour vous faire iouyr des honneurs dont l'Intrigue de vos Filous vous auroit comblé. Mais sans doute il vous suffit de meriter des Couronnes : & par vn excez d'humilité qui n'a point d'exemple, vous auez voulu éuiter l'occasió d'en receuoir vne de ces mains royalles, qui les distribuent à ceux qui sçauent regner comme vous sur les Esprits. Ie ne croyois pas iusques à present qu'il y eust de Philosophie si seuère, que de vous obliger à fuyr tant d'honneur auec tant d'indifference ; ny d'Autheur si humble ou si delicat, que de s'absenter comme vous de la plus belle Cour de l'Europe, de crainte d'estre incommodé de ce battement de mains, dont le bruit, quelque grand qu'il soit, charme tousiours le cœur & les oreilles des autres. Mais si les grandes Assemblees vous sont importunes, souffrez au moins que cette Lettre vous aille trouuer dans vostre Cabinet, pour vous dire des nouuelles du beau monde ; Et ne me sçachez pas mauuais gré, si cognoissant l'auersion que vous auez pour les loüanges, ie ne puis m'empescher en passant de vous en donner quelques-vnes ; puis qu'en vous les donnant ie ne suis qu'vn foible Echo de la voix publique. En tout cas, i'ayme mieux courir le hazard de vous offencer, à l'imitation de tant d'honneſtes gens qui font ſi hautement voſtre Eloge ; qu'en me tai-fant tout ſeul, paſſer parmy eux pour ignorant ou pour inſenſible. I'auray pour le moins cét aduantage, que ſi vous tenez pour vos ennemis ceux qui vous loüent, il ne vous ſera pas ſi facile de vous vanger de moy que vous croiriez : puis qu'en cette occaſion i'ay le bon heur d'eſtre du party des Princes, & des plus illuſtres Eſprits du Royaume. Sans mentir, MONSIEVR, toute la Frá-ce vous eſt beaucoup obligee du preſent que vous luy auez fait de cét ouurage ; qui ne contribuë pas moins au diuertiſſement public, qu'à la ſeureté des particu-liers. Vous y auez meſlé ſi iudicieuſement l'vtile auec le delectable, que vous nous auez fait voir auec ioye, & ſans aucun ſuiet d'apprehenſion, des perſonnes dont l'adreſſe a eſté iuſques icy d'vn tres-dangereux vſage parmy les hommes. Les belles paroles que vous leur auez miſes dans la bouche, en nous deſcouurant leurs artifices, nous ont appris à nous en deffendre : Et dans vn páys de Foreſts & de Rochers, qui eſt ordinaire-ment ſi fauorable aux deſſeins des voleurs, nous les auons veus de prés & ſans danger, quoy que leur appro-che ſoit touſiours funeſte. L'objet de nos craintes s'eſt changé en vn ſuiet d'admiration & de loüange. Ces Meſchans qui ont fait vn pact auec la malice, & vne al-liance auec la mort, ſont deuenus diuertiſſans & offi-cieux : Et ils ne nous font point d'autre violence que de nous contraindre d'aymer nos ennemis, à force de nous donner du plaiſir. Bien loin de crier aux voleurs en les voyant, ils n'ont tiré de nous que des applaudiſſemens :

& des cris de ioye? Et ie ne puis m'empefcher de croire, ou que vous eftes de moitié auec eux, ou que vous en eftes le Receleur, puifque leur plus veritable larcin, eft de voler les cœurs, & l'eftime de ceux qui les efcoutent. Auffi ne font-ils pas de ceux à qui les portes du Louure font deffenduës. Ils trauerfent toutes les Compagnies des Gardes, fans apprehéder le grand Preuoft, ny le Cheualier du Guet. Lors que les autres cherchent l'obfcurité, ceux-cy cherchent le plus grand iour, pour auoir plus de tefmoins de leurs actions. Ils font mefme le mal auec tant de grace, qu'ils obligeroient les Iuges les plus feueres à les en abfoudre; Et vos vers leur ont acquis tant de faueur aupres de leurs Majeftez, que les Fleurs de Lys, qui font la terreur des autres, & les marques les plus ordinaires de leur punition, n'enuironnent ceux-cy que pour leur feruir d'ornement, & de marques d'honneur. Certes, MONSIEVR, il feroit à fouhaiter que tant de beaux Efprits, qui trauaillent comme vous pour le public; nous donnaffenr des ouurages de pareille inftruction que le voftre. Vous auez choifi fans doute à ce coup la plus vafte & la plus belle matiere que les Mufes pouuoient prendre pour s'occuper vtilement. Il y a des Filous de toutes fortes de conditions? Et l'on ne reprefente point de Piece qui ait tant d'Acteurs que cette grande Comedie, que tant de Fourbes ioüent inceffamment dans le monde, & dont le Theatre eft tout l'Vniuers. Quant à moy ie ne fçaurois iamais y faire vn bon Perfonnage. Quelque cónoiffance que i'aye de cette adreffe, qui femble paffer auiourd'huy pour la premiere vertu du fiecle, & quel-

que amour que vous m'ayez donné pour vos Filous
i'ay trop de sincerité, pour n'auoir comme eux que des
compliments dissimulez ; Et ie vous supplie de croire
que ma main est parfaictement d'accord auec mon
cœur, quand ie vous escris que ie suis,

MONSIEVR,

VOSTRE &c.

De Fontainebleau ce
6. d'Octobre 1647.

ADVIS IMPORTANT
AV LECTEVR.

CHER Lecteur, i'offre à tes yeux vn corps
sans ame, i'appelle ainsi toute Comedie qui se
voit sur le papier, & non pas sur le Theatre.
Les plus galantes & les mieux acheuees sont froides
pour la pluspart & languissantes, si elles ne sont ani-
mees par le secours de la representation. Les Come-
diens n'en font pas seulement paroistre toutes les gra-
ces auec esclat : Ils leur en prestent encore de nouuelles;
& la mesme piece qui semble admirable quand ils la re-
citent, ne se peut lire quelquesfois sans degoust. Ils ont
fait valoir celle-cy, quoy que ce ne soit autre chose
qu'vne pure bouffonnerie, qui n'est digne ny de toy ny
de moy-mesme : aussi serois-ie encore à te la donner, n'e-
stoit que i'apprehendois auec raison, qu'il ne prist enuie
à quelqu'vn de t'en faire vn present à mon deçeu, & que
la faisant imprimer auec peu de soin, il n'adioustât des
fautes aux miennes, qui ne sont desia qu'en trop grand
nombre. Neantmoins, cher Lecteur, ie ne desaduouë
point ce petit ouurage, quoy qu'il soit de peu de meri-
te : mais ie t'auertis qu'il y en a quelques autres que tu
acheptes pour estre de moy qui n'en sont point; & que
faute de bien cognoistre ma façon d'escrire, tu te laisses
abuser par vne fourberie qui n'est guere moins adroite
que plaisante. Vn certain Libraire me fait passer tous

les iours pour eftre Autheur de plufieurs Liures qui ne
font pas de ma fcience, & dont ie n'ay iamais feulement
veu le tiltre : cependant il te les debite auec affeurance
qu'ils partent de mon efprit, & pour donner couleur à
ce menfonge il fe fert de cét artifice. Il met à la premiere page, & à la fin de l'Epiftre, vn petit nombre d'eftoil-
les, n'ofant y mettre mon nom ; & voila comme il te
trompe, & me fait tort. I'ay bien voulu t'en donner aduis, afin qu'à l'aduenir tu ne t'y laiffes plus furprendre,
& que tu fçaches que ie ne fus iamais d'humeur à me
parer des defpoüilles, ny des Viuans, ny des Morts.

ACTEVRS.

LVCIDOR   Capitaine François.

OLYMPE   veuve d'vn Partizan.

FLORINDE   sa fille & Maiftreffe de Lucidor.

CLORISE   Confidente de Florinde.

TERSANDRE   Riual de Lucidor.

RAGONDE   Reuendeufe.

LE BALAFRE'   Filou.

LE BORGNE   Filou.

LE BRAS DE FER   Filou.

BERONTE   Receleur.

La Scene eft à Paris, dans l'Ifle du Palais,
deuant le Cheual de Bronze.

L'INTRIGVE
DES
FILOVS.
COMEDIE.

ACTE PREMIER,
SCENE PREMIERE.

BERONTE. LE BALAFRE. LE BRAS-DE-FER.
LE BORGNE.

BERONTE.

BON-courage, mes pieds, courons-viste,
    volons,
Ils sont au Roy de Bronze, ils sont à nos
    talons,
Au Voleur, au Filou, mais Dieu ie perds l'haleine !
Cachons-nous, autrement nostre perte est certaine. *Il se cache.*

A

LE BALAFRÉ.

Où donc ce Malotru peut-il s'estre fourré?
Dans sa Chambre: à l'enuy nous l'auons bien bourré,
Et nous le poursuiuions, pour l'acheuer de peindre.

LE BORGNE.

Il va comme la foudre, on a peine à l'atteindre.

LE BRAS-DE-FER.

Ie l'atteindray pourtant, & le rouëray de coups,
Ainsi qu'à des Valets ce Faquin parle à nous,
Et nous a destourné cette Casaque bleuë,
Qui nous mit l'autre iour cent Archers à la queuë.

LE BORGNE.

La Foy n'habite point parmy les Receleurs;
Ils sont fourbes, meschants, & volent les Voleurs:
Mais comme-quoy sans eux ferions-nous nos affaires?
Ces Marants aux Larrons sont des maux necessaires.

LE BRAS-DE-FER.

Quoy? souffrir qu'vn Pendart qui deuroit estre sec,
Nous face ainsi passer la plume par le bec?
Si de ce bras de fer vne fois ie l'attrappe,
Il sera bien subtil, & bien fort s'il eschappe.

Mais prenons-en quel-qu'autre, auſſi-bien on ſçait trop
Qu'aux petites Maiſons il va le grand galop.

LE BORGNE.

Depuis que le iettant contre vn pillier de couche,
Vous fiſtes de ſa teſte vn abbreuuoir à mouche,
Il a le cerueau creux, & ſent vne douleur,
Qui le rend comme fou quand la Vigne eſt en fleur:
Il grimaſſe parfois comme vn Enfant qu'on ſévre;
Tantoſt rit, tantoſt pleure, & pour rien prend la chevre,
Enfin il eſt bizarre, & pareſt inſenſé,
Mais ce mal n'eſt pas long, il eſt bien-toſt paſſé.

LE BALAFRÉ.

Non non, il a touſiours la ceruelle en eſcharpe,
Et ſa main a deſia trop ioüé de la harpe;
Il nous gaſconne tout, & dans le Cabaret
Il fait à nos deſpens tirer blanc & clairet;
Mais quoy qu'il nous ayt pris, il faut qu'il le rapporte,
Sinon il ſe verra traitter d'eſtrange ſorte.
Courons donc le chercher ſuiuons le iuſqu'au bout,
Et frotons-le à l'enuy ſur le ventre & par tout.   Ils rentrent.

BERONTE ſeul.

Allez frotter vn Aſne, & non vn honneſte Homme,
Mais ſilence, ie crains que leur main ne m'aſſomme,

Si dans ce petit coin ils m'euſſentrencontré,
Dieu ſçait de quelle ſorte ils m'auroient accouſtré,
Ie tremblois d'vne peur qui n'eſtoit pas petite,
Et i'en aurois voulu pour vn bras eſtre quitte.
Mais ils s'en ſont allez ces Cruels ſans mercy,
Ma frayeur eſt paſſée, ils ſont bien loing d'icy:
Retirons-nous pourtant où Ragonde demeure.

Beronte heurte chez Ragonde.

SCENE SECONDE.

RAGONDE. BERONTE.

RAGONDE.

Qvi-va-là ?

BERONTE.

Voſtre Amy.

RAGONDE.

Vrayment il eſt belle heure,
Mais que voy-je? la crainte à mon cœur tout tranſy:

BERONTE.

Ie ſuis

RAGONDE.

Quelque Vaut-rien, retire-toy d'icy,

Ragonde mécognoiſt Beronte, & luy ferm: la porte

BERONTE.

Recognoissez ma voix, & r'ouurez-moy la porte.

RAGONDE.

Qui vous recognoistroit vestu de cette sorte?
Le plaisant équipage, hé! Dieu d'où venez-vous?

BERONTE.

Ie viens de me sauuer de la main des Filous.
Ouy, grace à ma lanterne, auec assez d'adresse,
Ie me suis finement eschapé de la presse;
Mais voyez si i'estois estourdy du bateau?
I'ay pris vn garderobe au lieu de mon manteau;
Et n'ayant eu loisir de chausser qu'vne botte,
I'ay fait la culebutte au milieu de la crotte.

RAGONDE.

En ces occasions on perd tout iugement.

BERONTE.

Il y paroist assez à mon habillement;
La méprise est plaisante, & certes me fait rire,
Quand ie crains de tomber d'vn grand mal dans vn pire.
S'ils reuiennent à moy, ie seray mal-traité,
Et cû par dessus teste en l'eau precipité.

Si bien qu'il dira vray ce Liseur de Grimoire,
Qui m'a prédit qu'vn iour ie mourrois de trop boiré.

RAGONDE.

D'où vient donc leur colere?

BERONTE.

Ils sont venus tantost
Reuoir quelques habits qu'ils m'ont mis en depost,
Et sans nulle raison me voulant faire accroire,
Que i'auois engagé de leurs hardes pour boire,
Ils m'ont poché d'abord vn œil au beurre noir,
Et cassé sur le nez & bouteille & miroir,
Ces Batteurs de paué, ces Marauts sans resource,
Vouloient m'oster la vie aussi bien que la bourse;
Qu'ils m'ont bien testonné! suis ie pas beau garçon?
Ie ne me suis point veu traitter de la façon,
Ma teste en mille endroits est esleuée en bosse,
Et iamais Receleur ne fut à telle nopce :
Me prenant pour cheual ils m'ont bien estrillé,
Et chez-moy chacun d'eux ioüe au Roy despoüillé;
Par terre l'vn assis sur son cû comme vn Singe,
Amasse en vn paquet le meilleur de mon linge,
L'autre destend mon lict, & serre sous ses bras
Les pantes, les rideaux, la couuerte & les draps,
Enfin ils pillent tout ces Plieurs de toillette,
Et m'ont fait malgré moy déloger sans trompette:

Quelques-vns m'ont suiuy, mais ils ne m'ont pas veu
Dans ce coin où i'estois, pied chauffé, l'autre nu.

RAGONDE.

Ie vous retirerois, fust-ce en ma chambre mesme,
Mais i'ay de ces Escrocs vne frayeur extrème;
S'ils sçauent que chez-moy, ie vous ay fait cacher,
A l'heure de minuict ils viendront vous chercher;
Ils me chanteront poüille, ils me feront desordre,
Et iamais ces Mastins n'ont abboyé sans mordre;
Cherchez-donc giste ailleurs.

Elle rentre.

BERONTE, seul.

Qui s'en seroit douté?
Quelle reception ? quelle ciuilité?
Me voila bien camus: mais quel suiet la porte
A refuser ainsi les hommes de ma sorte?
Elle est inexcusable, & fourbe de tout poinct,
Ces Filous qu'elle craint ne la cognoissent point,
Cependant, que feray-ie? où sera mon azile?
Au Diable le denier, ie n'ay ny croix ny pile.
Ie suis leger d'vn grain, & la Necessité
S'en va me rendre sec, comme vn Pendu d'Esté.
Mais d'où vient qu'au logis de cette fine Mouche
Qui Chapelet en main fait la saincte Nitouche,

Le nez dans son manteau, sans suitte & sans clarté,
Heurte ce Gentilhomme où ce Vilain botté?
Iroit-il si matin faire emplette chez-Elle?
Il y va bien plustost attendre cette Belle,
Habillée en i en-veux qui de loin suit ses pas
Et qui de son mouchoir me cache ses appas,
Elle entre chez Ragonde, & non comme ie pense,
Pour luy communiquer vn cas de conscience,
Seule apres vn Plumet, par vn petit destour
Chez vne Reuendeuse entrer au poinct du iour,
Et d'vn mouchoir encor, prenant de tout ombrage,
De peur d'estre cognuë affubler son visage,
Mon doute est esclaircy, ie cognois la raison,
Qui trop indignement m'a fermé sa maison:
La Matoise qu'elle est, a peur que ie ne voye,
Qu'elle y loge tousiours quelque fille de ioye.
Elle en est soubçonnée, & c'est le commun bruit,
Que sans auoir procez souuent elle produit.
Il semble cependant à voir sa contenance,
Qu'elle a de tout son cœur fait vœu de continance,
Et que de luy parler de toucher vn teton
Ce soit luy parler Grec, Arabe, ou bas Breton;
Mais Elle fait l'Amour, ou du moins le fait faire,
Et fust-ce aux Quinze-vingts, la preuue en seroit claire.
L'Hypocrite à la fin se cognoist tost ou tard;
On cajolle chez elle, aussi bien qu'autre part,

Et

Et corrompant l'honneur des meilleures Familles,
Peut-eftre qu'elle vend moins d'habits que de Filles.
Ma foy c'eft vn meftier qui vaut mieux que le mien;
On y fait des amys, on y gaigne du bien,
On void mille Beautez, & s'il en prend enuie,
On fe donne vn plaifir le plus doux de la vie. [reux,
Changeons-donc d'exercice, & pour nous rendre heu-
Soyons Ambaffadeur du Roy des Amoureux.

    Mais que voy-je? eft-ce pas le portraict de la Belle,
Que n'aguere Ragonde a fait entrer chez-elle,
Et que fans y penfer elle aura laiffé cheoir
Lors que pour fe cacher elle a pris fon moucheoir.
Elle a paffé foudain, ie ne l'ay qu'entre-veuë,
Mais fi la recognois-je, ou i'ay bien la berleuë;
Ouy voila fon vifage, & i'y voy des appas,
Qui me pourroient tenter, apres vn bon repas.
Mais le flambeau d'Amour s'allume à la Cuifine,
Et fur cette peinture on n'auroit pas chopine.
Allons donc veoir chez-moy, fi rien ne m'eft refté
Surquoy ie puiffe vn peu trinquer à ma fanté
Auffi bien quelqu'vn fort, & ie crains non fans caufe,
Qu'on ne vienne m'ofter vne fi belle chofe;
Fuyons à tout hazard.

Beronte trenue icy le portrait de Florinde que Clorife a laiffé tomber en entrant chez Ragonde.

B

SCENE TROISIESME

LVCIDOR. CLORISE. RAGONDE.

LVCIDOR.

O Comble de mal-heurs!
Puis-je chere Clorise assez verser de pleurs,
Regrettant le portrait de celle que i'adore?
Mais comment as-tu pû le perdre?

CLORISE.

Ie l'ignore,
De sa part chez Ragonde allant vous le porter,
Ie ne sçay pas comment on a pû me l'oster.

LVCIDOR.

Ha que ton peu de soin est peu digne d'excuse!

CLORISE.

Aussi, loin d'en chercher, moy-mesme ie m'accuse:
Mais ne voulez-vous point moderer vostre ennuy?

C'eſt vn portraict perdu.

LVCIDOR.

> *Ie le ſuis plus que luy.*

Ce bien m'eſtoit promis, & ta belle Maiſtreſſe
Me l'enuoyoit auſſi pour tenir ſa promeſſe,
Et conſoler par là ſon mal-heureux Amant
De n'oẑer plus la voir qu'en ſecret ſeulement:
Mais ie ne l'auray point, ta negligence extreſme
M'a fruſtré pour iamais de cét autre elle-meſme,
De ce charme des yeux, qui rauiſſant les miens,
Euſt flatté ma douleur en l'abſence des ſiens.

RAGONDE.

Faut-il peſter ainſi contre voſtre aduanture,
Pour vn petit carton barboüillé de peinture,
Où, peut-eſtre, Florinde eſt laide en cramoiſy?

LVCIDOR.

Ha! ne ris point du mal dont mon cœur eſt ſaiſy.

CLORISE.

Il faut ſe conſoler.

LVCIDOR.

> *Il faut perdre la vie.*

B

CLORISE.

Ie sçay qu'à fondre en pleurs ce malheur vous conuïe.
Mais tenez-le secret, ou bien preparez-vous
A me voir de Florinde essuyer le courrous.
Ouy, si ma negligeuce arriue à ses oreilles,
I'auray beau reclamer ses bontez nompareilles,
Ie seray soufflettée, & sans plus de caquet,
Il faudra me resoudre à faire mon paquet.

LVCIDOR.

Luy pourrois-je cacher vne si grande perte?

RAGONDE.

Deuez-vous l'aduertir que vous l'ayez soufferte?
Au contraire en parlant auec elle aujourd'huy [luy,
Mentez comme vn beau Diable, & donnez-vous à
Si tousiours ce portrait n'occupe vostre veuë.

LVCIDOR.

Mentirois-je à qui voit mon ame toute nuë?
Que puissay-je plustost estre priué du iour,

RAGONDE.

Que fait-on que mensonge en l'Empire d'Amour?
C'est-là qu'impunément à toute heure il s'en forge,

Et vous auez menty cent pieds dans voftre gorge,
Alors que tant de fois, sans rougir seulement,
Vous m'auez asseuré d'estre mort en l'aimant.
Vous parlez, vous marchez, qui doncques ie vous prie
Vous a resuscité?

LVCIDOR.

Treve de raillerie,
Moy pour cacher vn crime en commettre vn si noir?

CLORISE.

Si le mien se cognoist, où sera mon espoir?
Par vne menterie asseurez ma fortune,
I'en ay fait cent pour vous, pour moy faites en vne.

LVCIDOR.

Puis donc que tu le veux, si ie n'y suis forcé,
Ie ne luy diray rien de ce qui s'est passé,
Ie t'en donne parolle, & le Ciel me confonde,
Si i'en parle iamais à personne du monde.
Mais au Temple auiourd'huy ne la pourray-ie voir?

CLORISE.

Que Ragonde auec moy s'en vienne le sçauoir.

LVCIDOR.

Va, Ragonde, va donc, sa mere a mille doutes

B iij

Qui la tiennent souuent tout vn iour aux escoutes:
Mais tes inuentions, qu'on ne peut esgaller,
Treuuent bien toutesfois moyen de luy parler.
On n'en soupçonne rien, ton addresse est extrême,
Et tu pourrois tromper la deffiance mesme.
Mais Adieu, ie t'amuse.

Il rentre.

RAGONDE.

O quels transports d'Amour!
Mais Florinde parest.

SCENE QVATRIESME.

FLORINDE, CLORISE, RAGONDE.

FLORINDE.

I'Attens vostre retour;
L'auez-vous veu Clorise? a-t'il ce qu'il demande?

CLORISE.

Il s'est treuué surpris d'vne faueur si grande,
Cent fois il l'a baisée; & mesme deuant nous
Il s'est pour l'adorer voulu mettre à genous:
Mais quoy que ce portrait luy donne tant de ioye,

Il dit qu'il faut qu'il meure, ou qu'enfin il vous voye.

FLORINDE.

Au Temple ce matin ie pourray bien aller,
Mais qu'il n'espere pas que i'ose luy parler;
Il n'est pas à sçauoir qu'on m'en a fait deffense,
Et que son entretien me tiendroit lieu d'offense.

RAGONDE.

Faut il que vos parens contraignent vos desirs?
Voyez en liberté l'obiet de vos plaisirs:
Est-il pas Gentil-homme? est-il pas Capitaine?
Si i'estois que de vous, ma foy ribon ribene
Bon gré malgré leurs dents, ie les ferois bouquer.

FLORINDE.

Sans choquer mon deuoir, pourrois-je les choquer?

RAGONDE.

Quoy dependés-vous d'eux? vous n'auez plus de Pere,
Et le bien vient de luy, non pas de vostre Mere,
Qui se voyant encore en la fleur de ses ans,
Se laisse cajoller à mille Courtisans.
Mais si quelque Galand luy donne dans la veuë,
Vous imaginez-vous d'en estre mieux pourueuë?
Les biens que vostre Pere a pour vous amassez?

Seront pour vn Plumet follement deffensez,
Et Dieu fçait cependant comme iront ses affaires,
Et combien aux procez les amours font contraires.
Le miroir qu'elle prend, afin de s'aiuster,
Est le seul Aduocat qu'elle ira consulter.
Desia son plus grand soin est de pareftre belle,
Elle inuente à tous coups quelque mode nouuelle;
Et voftre Pere est mort en sa ieune saison,
Du regret de la voir ruyner sa Maison,
Et non pas, comme croit fottement le vulgaire,
De quelque qui pro quo de son Apotiquaire.
Mais à vous conuertir perdray-ie mon latin?

FLORINDE.

Taisons-nous, la voicy.

SCENE CINQVIESME

OLYMPE, FLORINDE, CLORISE, RAGONDE,

OLYMPE.

VOus fortez bien matin,
Mais

Mais plus matin encor ie me suis habillée,
Pour sçauoir qui si tost vous auoit esueillée,
Où courez-vous?

FLORINDE.

Au Temple.

OLYMPE.

Et cette femme aussi?

FLORINDE.

Afin de vous parler, elle venoit icy,

RAGONDE.

Madame, si l'en croy la nouuelle publique,
Vous donnez vn Espous à vostre fille vnique?

OLYMPE.

Vous venez de bonne heure, afin de le sçauoir.

RAGONDE.

Madame excusez-moy, ie ne viens que pour voir
Si vous auriez besoin de quelques Pierreries,
De beaux Lingé de Lits, ou de Tapisseries

C

OLYMPE.

Non pas pour le preſent.

RAGONDE.

I'ay des meubles chez-moy,
Capables de ſeruir dans la chambre du Roy.
Mais pour les achepter ie ne treuue perſonne,
Le temps eſt miſerable, on vend moins qu'on ne donne:
A peine le Bourgeois me demande combien,
Et chacun à la Cour veut auoir tout pour rien.
On apprend la Leʒine, on n'a plus d'autre liure,
Ie ſuis de tous meſtiers, & ſi ie ne puis viuré,
Ie perds ſans rien gaigner mes peines & mes pas.

OLYMPE.

Hé que faites-vous donc?

RAGONDE.

Mais que ne fais-je pas?
Madame ie reuends, ie fais preſter ſur gages,
Ie predis l'aduenir, & fais des mariages:
Cherchez-vous vn mary? ie ſçay bien voſtre fait,
C'eſt vn homme de mine, & plus encor d'effet,

OLYMPE.

Ie le croy, mais l'Hymen est vn joug que i'abhorre.

RAGONDE.

Quoy vous tiedrez-vous Veuve, estát si ieune encore,
I'en voy remarier qui passent cinquante ans,
Reprenez vn Mary, mesnagez vostre temps,
Et ressouuenez-vous, qu'il n'est rien si semblable
Que l'estat d'vne Veuve, & d'vne miserable.
Souuent elle est reduitte à vaincre ses desirs,
Pour garder son honneur, elle perd ses plaisirs:
Que si quelqu'vn la void, soudain on en caquette,
Elle est au ROQVANTIN, on l'appelle Coquette,
Et ses propres enfans condamnant ses humeurs,
Sont par fois les premiers à censurer ses mœurs :
Tout veuvage est fâcheux, & i en fais bien l'espreuue,
Fust-on femme d'vn Sot, on est mieux qu'estát Veuve.

OLYMPE.

Ie la suis toutesfois , & la seray tousiours,
Adieu, n'en parlons plus, brisons là ce discours.

RAGONDE.

Vous refusez vn bien que le Ciel vous presente.

OLYMPE.

La charge d'vn Mary me semble trop pesante.

RAGONDE,

Vous pourriez toutes-fois la porter ayſément:
Mais ie parle Madame vn peu trop librement,
Et crains de vous auoir trop long-temps arreſtée.

Elle s'entre

OLYMPE.

Ne ſeroit-ce point là quelque Femme apoſtée?
Peut-eſtre Lucidor emprunte ſon ſecours,
Pour vous faire tenir des lettres tous les iours;
Et peut eſtre à reſpondre encore il vous engage,
A deſſein ſeulement d'en tirer aduantage:
L'Amant dans la pourſuitte eſt vn Renard ſi fin,
Que nous n'auons poulets qu'il n'atrappe à la fin.
Mais il deuient lyon aux careſſes premieres,
Nous fait trembler de peur, nous retient priſonnieres,
Et dans la iouyſſance il ſe change en ſerpent,
Dont le mortel venin contre nous ſe reſpand,
Il nous ſifle, il nous mord, & nous quitte auecioye,
Pour chercher autre part quelque nouuelle proye.

FLORINDE.

Mes yeux ſont à ſçauoir comment ſa main eſcrit,

OLYMPE.

Vous deuez pour iamais l'ofter de voftre efprit:
Mais qui croiroit qu'Amour vous euft preoccupée
D'vn homme qui n'a rien que la cappe & l'efpée?
Lucidor eft gentil, genereux, obligeant,
Mais toutes fes vertus ne font pas de l'argent:
Cependant il vous charme, & Terfandre au cõtraire,
Auecque tous fes biens tafche en vain de vous plaire;
Mais en fuyant Terfandre, & fuinant fon Riual,
Vous fuyez voftre bien, & fuiuez voftre mal:
Terfandre eft en effet plus riche qu'en parolles,
Ne luy gardons nous pas deux grands facs de piftolles,
Vn coffret tout comblé de chaifnes d'or maffif,
Et qui pour leur groffeur font d'vn prix exceffif,
Vn diamant encor, en fplendeur admirable,
En grandeur monftrueux, en tout incomparable?

FLORINDE.

Ouy, mais il eft ialous, iufques-là que parfois
A ma langue, à mes yeux, il veut donner des loix;
Ie n'ofe entretenir ny regarder perfonne,
Sans aucune raifon fouuent il me foupçonne,
Et fi de moy s'approche, ou feruante, ou valet,
Il iure qu'en mes mains on a mis le poulet.

OLYMPE.

Plus vn homme est ialous, plus son amour est forte,
Et nulle ne s'egale à celle qu'il vous portes
Il sera vostre Espoux, c'est vn point arresté,
Rentrons

FLORINDE.

Dieu! que feray-ie en cette extremité?

Fin du premier Acte.

ACTE II.
SCENE PREMIERE

BERONTE, seul.

HA! ie m'en doutois bien que ie serois Prophete;
Sans vser de balais, ils ont fait maison nette;
Ces Filous qui juroient en Chartiers embourbez,
Ont en moins d'vne nuict tous mes biens desrobez;
Et ne me laissant pas, pour me pendre, vne corde,
A cette seule botte ont fait misericorde;
La voyant vieille, seiche & moisie à moitié,
Tous barbares qu'ils sont, ils en ont eu pitié;
Mais il faut au besoin de tout bois faire fleche,
Il n'importe dequoy l'on repare la brêche,
Ny mesme à quel mestier on gaigne de l'argent,
Quand de biens & d'amys on se treuue indigent;
Faisons profit de tout, cet obiet plein de charmes,
De la Chasteté mesme arracheroit les armes;

Et pour se resiouyr vne heure seulement
Auec l'Original d'vn portrait si charmant,
Il n'est point de boiteux qui ne prenne la course,
Ny d'homme si vilain, qui ne m'ouure sa bourse;
Donc nous promenant seul par ces lieux destournez,
Voyons qui des passans aura le plus beau nez;
Et soudain pour tirer profit de sa rencontre,
D'vne telle peinture allons luy faire monstre.
Ie pourrois bien sans elle, après cet accident,
Comme les Espagnols, disner d'vn Cure-dent.

SCENE DEVXIESME.

TERSANDRE. BERONTE.

BERONTE.

Mais qui voy-je parestre? Amour me fauorise,
Ce frizé semble auoir l'œil à la friandise;
La pochette garnie, & le cœur genereux,
Pour bien payer le droit d'vn aduis amoureux,
Monsieur,

TERSANDRE.

Que me veux-tu?

BE-

BERONTE.

Que vaut-bien cét ouurage?
Se peindra-t'il iamais vn plus gentil visage?

TERSANDRE.

Ce portraict a vrayment vn charme tout nouueau:

BERONTE.

Vous, & l'Original, en feriez vn plus beau.
Il est icy tout proche, & si ie vous y meine,
Vous me confesserez qu'elle en vaut bien la peine:

TERSANDRE.

O Ciel! dans ce portraict voy-je pas esclatter
Tous les traits dont Florinde a sçeu me surmonter?
Que dis-tu mal-heureux? me veux-tu faire accroire
Que ce corps si parfaict ait vne ame si noire?

BERONTE.

C'est vn ieune Tendron, de l'âge de quinze ans:
Mais qu'on ne peut gaigner qu'à force de presens.

TERSANDRE.

O Dieu quelle rencontre! ô Dieu quelle nouuelle!
Ie me la figurois aussi chaste que belle:

D

Mais ie veux me vanger, ou terminer mes iours,

BERONTE.

Il faut pluſtoſt cueillir le fruit de vos amours;
De la faute d'autruy porterez-vous la peine?
Et mourrez-vous de ſoif, aupres d'vne fontaine
Où tant d'honneſtes Gens ſe vont deſalterer?

TERSANDRE.

Ce mot ſuffit tout ſeul pour me deſeſperer;
Mais c'eſt trop diſcourir, accomply ta promeſſe;
Ma curioſité ſe plaint de ta pareſſe:
Marche, ſers moy de guide, eſt-ce par ce deſtour?

BERONTE.

Fait-on marcher pour rien vn Meſſager d'Amour?

TERSANDRE.

Ie te tiens, tu viendras, tu ne t'en peux deffendre.

BERONTE.

Vous auez la main dure, ou bien i'ay la peau tendre.
O la chaude pratique! Où me ſuis-je adreſſé?

TERSANDRE.

Ie penſe qu'il eſt yure, où pluſtoſt inſenſé;

Mais donnons luy la piece, afin qu'il nous y meine.
Tien, voilà bien dequoy te payer de ta peine.
Ie ne veux rien pour rien; mais dépesche, autrement
Vne rupture d'os sera ton chastiment.

Tersandre
donne va
piece d'ar
gent à Be
ronte.

BERONTE.

Dans ce petit logis lestement accoustrée,
Auec vn Vergaland, tantost elle est entrée;
Ils y seron encore.

TERSANDRE.

Est-ce point mon Riual?
Tirons-nous promptement d'vn doute si fatal:
Entrons, & là dedans le treuuant auec elle,
Poignardons-le à l'instant au sein de l'Infidelle.
Heurte, redouble encore. Ha ie meurs de regret.

h Beronte
entre chez
Ragonde.

BERONTE.

Dans tous les lieux d'honneur il faut estre discret.

D ij

❀❀❀❀❀❀❀❀❀❀❀❀❀❀❀❀❀❀❀❀❀❀❀❀❀❀❀❀

SCENE TROISIESME

TERSANDRE. RAGONDE. BERONTE.

RAGONDE.

Que vous plaiſt-il Monſieur ? voulez-vous dans ma chambre
Voir quelques bracelets, ou de coral, ou d'ambre?
De beaux emmeublemens , mille ſortes d'habits,
De nouueaux Poincts-coupez, des Monſtres de rubis?

BERONTE.

Beronte tire à part Ragonde, & luy parle.

Il ne vient pas icy pour y faire rencontre
D'habits, de bracelets, de dentelle, ou de monſtre:
Mais bien d'vn petit Cœur, dont l'eſclat eſt ſi grand,
Et que vous deſirez de vendre au plus Offrant.

RAGONDE.

Il eſt vray qu'il eſt beau, mais ces Traiſneurs d'eſpée
Sont Seigneurs d'argent-court, & ſouuët m'ont trôpées
I'ayme bien mieux le vendre à quelque Financier.

TERSANDRE.

Contentez le deſir de qui veut bien payer.

RAGONDE.

Ce que vous desirez de cent feux estincelle,
Mais Monsieur, sçauez-vous comment cela s'appelle?
Ce ioly petit Cœur qui n'a rien de commun,
Et cinquante escus d'or, en vn mot c'est tout vn.

TERSANDRE

Monstrez-le promptement, vostre longueur me tuë,

RAGONDE,

Vous ne donnerez rien pour en auoir la veuë;
Le voilà, n'est-il pas plus brillant qu'vn Soleil?
Ce Cœur de diamant n'eut iamais de pareil.

Elle luy monstre vn cœur de diamant.

TERSANDRE.

O rencontre bizarre, ô plaisante équiuoque,
Qui malgré ma douleur à rire me prouoque,
Ie ne cherche rien moins qu'vn cœur de diamant.

RAGONDE.

Hé! que cherchez-vous donc? parlez plus clairemët,

BERONTE.

Ce n'est pas auec moy qu'il faut faire la fine,
Que ne luy monstrez-vous cette ieune Poupine;

Dont le teint est si frais, & l'œil est si riant,
Qu'on n'a iamais tasté d'vn morceau plus friand,
On sçait bien cependant que chacun en dispose,
Et qu'on ne treuue point d'espine à cette Rose.

RAGONDE.

Les Filous de tantost ne pardonnant à rien,
T'auroient-ils emporté l'esprit auec le bien?

TERSANDRE.

Nous vous contenterons, n'vsez plus de remise.

RAGONDE.

Ie n'ay pour vous, Messieurs, aucune marchandise,
Fors vne couuerture, où l'on berne les Foux.

Elle rentre.

TERSANDRE.

Quoy? nous fermer la porte en se raillant de nous?
Faire l'honneste femme, & produire des filles?

BERONTE.

Troussons, de peur des coups, nostre sac & nos quilles,

Il rentre.

TERSANDRE, seul.

Il s'enfuit, & me laisse auecque des transports,
Dont iamais ma raison ne vaincra les efforts,

Mais plus que ce portraix, suis-je pas insensible,
Si ie ne me ressens d'vn affront si visible?
I'oubliray toute chose, auant que l'oublier,
Et moy-mesme par tout i'iray le publier;
Mais dois-ie declarer vne faute si grande?
Mon honneur le deffend, mon despit le commande:
Sans honte ie ne puis découurir mon malheur,
Et ne le puis celer, sans mourir de douleur;
Au moins sa Confidente en doit estre aduertie,
Mais n'est-il pas trop vray qu'elle est de la partie?
Qu'auecque sa Maistresse, elle passe son temps,
Et peut-estre l'a vend à beaux deniers contans.
La voicy l'Effrontée, où s'en va donc Clorise?

SCENE QVATRIESME.

TERSANDRE, CLORISE.

CLORISE.

Icy prés.

TERSANDRE.

Toute seule? & mesme si surprise?

CLORISE.

A quoy tend ce propos? mais, ô Ciel! qu'auez-vous?

Dieu ie vous vay rougir & paſlir à tous coups,
Et de tant de couleurs ſe peint voſtre viſage,
Que iamais l'Arc-en-Ciel n'en monſtra d'auantage.

TERSANDRE.

Allez vous reſioüyr & ſaoulez vos deſirs
Des molles volupteƷ des amoureux plaiſirs.
Allez auec Florinde en des Maiſons de ioye,
Mais au moins gardez-bien que quelqu'vn ne vous
Car, ſi l'on vous y préd, quel excez de bon heur [voye,
Vous pourra faire vn iour recouurer voſtre honneur?
Lors que la renommée eſt vne fois perduë,
Quoy que l'on face apres, elle ne ſt point renduë,
Il vaudroit mieux pécher, & que l'on en ſçeut rien,
Que faire penſer mal à l'heure qu'on fait bien,

CLORISE.

Les Turognes, les foux, & les enfans font rire,
Et l'on a peu d'eſgard à ce qu'ils peuuent dire,
Mais on doit encor moins s'offencer d'vn Amant,
A qui la Ialouſie oſte le iugement:
C'eſt vne paſſion qui iamais ne vous quitte,
On rit des mouuemens dont elle vous agite.
Elle vous fait tenir d'extrauagàns propos,
Vous fait parler tout ſeul, vous oſte le repos,
Et fait que tous les iours quelque ſoubçon vous porte.

A veoir combien de fois on ouure noſtre porte,
Ce Monſtre eſt défiant, & croit que la Beàuté
Ne ſçauroit compatir auec la Chaſteté,
Il eſt touſiours au guet, il eſt touſiours en doute,
Il a plus d'yeux qu'Argus, & pourtant ne voit goutte.

TERSANDRE.

Ie ne voy que trop bien, il n'eſt plus de couleur,
Qui puiſſe déguiſer vn ſi honteux mal-heur,
Florinde eſt deſcouuerte, & ie cognoy la flâme,
De l'impudique feu qui bruſle dans ſon ame.

CLORISE.

Ma foy, ſi voſtre eſprit, que i'ay tant admiré,
N'eſt perdu tout à fait, il eſt bien eſgaré:
Qui prendroit garde à vous, vous voyant ſi peu ſage,
Pour apprendre à parler, vous feroit mettre en cage.

TERSANDRE.

Ma foy, ſi voſtre honneur que i'ay tant protegé,
N'eſt vendu tout à fait il eſt bien engagé.
Qui prêdroit garde à vous, pourroit biê vous déplaire,
S'il ne vouloit tout voir, tout oüyr, & ſe taire.

CLORISE.

Hé! qu'auez-vous donc veu? qu'auez-vous donc ouy?

E

Quelles fausses clartez vous ont donc esblouy?
Florinde n'a iamais fait d'actions blasmables,
Et plus que ses beautez, ses vertus sont aymables;
I'espouserois plutost vn tombeau qu'vn Ialous;
Quel Vertigo vous prend? & vous met hors de vous?
Quels discours? quels regards? quels trâsports de folie?
Si vous continuez ie crains qu'on ne vous lie,
Et que vous ne faciez les cordes rencherir;

TERSANDRE.

Hà! ne m'en parlez plus, vous me faites mourir;
N'allez-vous pas ensemble en ces maisons infames
Où souuent vn seul corps a fait perdre mille ames?

CLORISE.

Non, mais i'iray bien-tost auec deuotion,
Prier sainct Mathurin à vostre intention.

Clorise
r'entre chez
Florinde.

TERSANDRE.

Et moy i'iray prier, descouurant qui vous estes,
Qu'on vous donne logis dans les Magdelonnettes.

SCENE CINQVIESME.

TERSANDRE, seul.

Voyez quelle responce, & de quelle fierté,
Elle ose deuant moy nier la verité,
De tout ce que ie dis, elle fait raillerie,
Et ie ne vis iamais pareille effronterie:
I'accuse sa Maistresse, & loin de l'excuser,
I'ay tort si ie l'en croy, ie me laisse abuser;
Elle me traitte enfin de Ialous, de credule,
Et d'esprit qui va mesme au de là du scrupule:
M'auroit-on bien deceu? crois-je point de leger?
Ay-je iuste subiet de me tant affliger?
Cette accusation possible n'est pas vraye,
Le bruit m'a renuersé, la peur m'a fait la playe;
Et c'est trop la blasmer sur le simple rapport
D'vn homme que le Vice à choisi pour support.
Il ne cognut iamais pas vne honneste fille,
Et des pechez du peuple il nourrit sa famille:
Mais si tout ce qu'il dit n'est qu'vn conte inuenté,
Et qu'elle soit si chaste auec tant de beauté,
D'où luy vient ce portrait? & l'audace de dire
Qu'on en peut obtenir tout ce qu'on en desire?

Ha! que ie deuois bien, imprudent que ie suis,
Tirer quelques clartez, pour dißiper mes nuits,
Auant que de laisser eschaper cét Infame,
Par qui mille soubçons se glißent dans mon ame.
Quand ie pleure (peut-estre) elle se resioüit,
Et peut estre à souhait Lucidor en joüit.
Dans ce logis, dit-il, lestement accoustrée,
Auec vn Verd-galand tantost elle est entrée.
Est-ce vn autre que luy ? ie n'en sçay que iuger,
Mon esprit là dessus se laisse partager:
Mais cherchons ce Riual sans tarder dauantage,
Monstrons luy ce portrait, pour voir si son visage,
Son geste, ou son discours, ne m'esclaircira point
D'vn doute qui vraymẽt me trouble au dernier point;
On tente tous moyens pour se tirer de peine,
Mais ie pense le voir, mon bon-heur me l'ameine.

SCENE SIXIESME.

LVCIDOR, TERSANDRE.

TERSANDRE.

OV donc, triste & resueur allez-vous seul ainsi?
Vous est-il suruenu quelque nouueau soucy?

LVCIDOR.

On voit à tous momens quelque affaire importune
Suruenir à qui suit l'Amour ou la Fortune.

TERSANDRE.

I'ay pourtant peu souffert, depuis l'aymable iour,
Que i'ay suiuy par tout la Fortune & l'Amour.

LVCIDOR.

La Fortune vous rit, & vous est fauorable,
Mais ie croy que l'Amour vous rend fort miserable.

TERSANDRE.

Quiconque peut auoir la fortune pour luy,
A bien dequoy guerir de l'amoureux ennuy.

LVCIDOR.

La Fortune se plaist à nous estre infidelle,
Et quiconque la suit est aueugle comme elle.

TERSANDRE.

Est-ce vn aueuglement que de suiure en tous lieux
Celle dont la richesse esblouit tous les yeux?
Mais posseder le cœur de la belle Florinde,
Est plus que posseder tous les tresors de l'Inde.

Ie l'aduoüe, il est vray; mais le possedez-vous
Ce cœur qui sembloit estre insensible à vos coups?

TERSANDRE.

Ie sçay bien que n'aguere elle m'estoit cruelle,
Et qu'au ioug de vos loix vous reteniez la belle:
Mais pour s'en desgager, elle a pris mes liens,
Et semble auoir esteint tous vos feux dans les miens.

LVCIDOR.

A flatter vos desirs, on l'inuite, on la force;
Mais d'vn arbre si beau vous n'aurez que l'escorce.

TERSANDRE.

Si m'a-t'elle fait don;

LVCIDOR.

De quoy?

TERSANDRE.

Ie suis discret,
Vn Amant doit mourir auecque son secret.

LVCIDOR.

Sa main, par qui l'Amour mit le feu dans mon ame,
Vous a peut-estre escrit au mespris de ma flame.

TERSANDRE.

Point du tout.

LVCIDOR.

Ses cheueux femez de tant d'appas,
Ainfi que voftre cœur, ont-ils lié vos bras?

TERSANDRE.

Encor moins.

LVCIDOR.

Qu'eft-ce donc? cette belle farouche
Vous fait-elle cueillir les rofes de fa bouche?

TERSANDRE.

Vous l'auez deuiné, je baife quand ie veux
Le coral de fa bouche, & l'or de fes cheueux.

LVCIDOR.

Quelle foy vous croiroit?

TERSANDRE.

Ce n'eft point vn menfonge.

LVCIDOR.

Peut-eftre qu'en dormant vous la baifez en fonge.

TERSANDRE.

Non non, ie ne dors point, & d'amour transporté,
Ie puis mesme à vos yeux baiser cette beauté.

LVCIDOR.

A mes yeux!

TERSANDRE.

A vos yeux, i'en feray la gajeure,

LVCIDOR.

Hé! comment la baiser si ce n'est en peinture?

TERSANDRE.

Tersandre luy mon-stre le Por-trait. Ha! ie l'entens ainsi, la baiser autrement,
N'appartient pas à nous.

LVCIDOR.

Cest là mon sentiment;
En ce cas ie le quitte, & croy que tout à l'aise
En ce petit carton vostre bouche la baise:
Mais encor, depuis quand auez-vous ce tableau?

TERSANDRE.

Depuis peu.

LVCIDOR.

LVCIDOR.

Mais de qui?

TERSANDRE.

D'elle-mesme.

LVCIDOR.

Ha!tout beau.

TERSANDRE.

Elle m'en a faict don au leuer de l'Aurore.

LVCIDOR.

Voyez-vous si matin ce Soleil qu'on adore.

TERSANDRE.

Dans sa chambre parfois i'entre auecque le iour,
Et voy leuer du lit ce bel Astre d'Amour.

LVCIDOR.

Ha! vous en dites trop, pour acquerir creance,
Et ne pas en fureur tourner ma patiance.
Certes vos vanitez passent iusqu'à l'excez,

TERSANDRE.

On permet de crier à qui perd son procez.

F

LVCIDOR.

Moy ie perdrois le mien? mais Florinde s'auance,
Et pourroit contre moy prendre voſtre deffenſe.
Dans vne heure au plus tard ie ſeray ſeul icy.

TERSANDRE.

Et pour voſtre mal-heur i'y ſeray ſeul auſſi.

SCENE SEPTIESME.

FLORINDE. TERSANDRE.

TERSANDRE.

ADorable beauté, pour moy ſeul inhumaine,
Dans les lieux où ie ſuis, quel ſujet vous ameine?

FLORINDE.

I'y viens pour m'eſclaircir d'vn douté ſeulement,
On dit que vous auez perdu le iugement?
Et que dans vos diſcours, dont ie ſuis ſi touchée,
La plus fille de bien paſſe pour desbauchée.
Que voſtre meſdiſance eſt ſeule eſgale à ſoy,
Et que vous n'eſpargnez, ny Clorise, ny moy.

Ie sçay bien qu'vn excez d'aueugle jalousie,
De tant de faux soubçons rend vostre ame saisie,
Que peut-estre au rapport de vos sens abusez,
Les filles que ie voy sont garçons desguisez:
Mais que vostre folie à ce poinct fust venuë,
Que de parler de mòy comme d'vne perduë ;
Qui me l'auroit predit, fust-ce vn esprit diuin,
Auroit passé chez moy pour vn mauuais Deuin ;
Et n'estoit que ie suis plus sage que vous n'estes,
Tous mes proches sçauroiët l'affrôt que vous me faites
Et pas vn ne seroit insensible à ce coup.

TERSANDRE.

I'ay peu dit à Clorise, elle en a dit beaucoup ;
Mais vous arrestez-vous à des contes friuoles?
Le vent, auec la poudre emporte ses parolles.
Plaise au Ciel seulemèt qu'on ne vous blasme pas,
De porter des liens honteux à vos appas.

FLORINDE.

Puis qu'vn indigne Objet de liberté me priue,
Cessez d'estre en m'aymant captif d'vne Captiue,
D'esperer guerison de qui meurt en langueur,
Et d'aymer tant vn corps dont vn autre a le cœur.

TERSANDRE.

Doit-il le posseder? il est vain iusqu'à dire

Que ce n'eſt que pour luy que voſtre cœur ſouſpire,
Et qu'enfin.

FLORINDE.

Pourſuiuez.

TERSANDRE.

Que ſelon ſon deſir,
Chez vne Reuendeuſe il vous voit à loiſir.
Ayant de voſtre amour tous les iours quelque gage;

FLORINDE.

Luy faire ce menſonge!

TERSANDRE

Il fait bien dauantage,
Il monſtre vos faueurs, mais ie n'ay pû ſouffrir,
Que iuſques à mes yeux, il ozaſt les offrir.
Ma main a de là ſienne auecquc violence,
Arrachant ce portraict, puny ſon inſolence:

FLORINDE.

Où donc l'a-t'il treuué? de qui l'a-t'il receu?
Il l'a fait quelque part tirer à mon deceu:
Mais redonnez-le moy, de crainte qu'à ma honte
Quelqu'vn vous le voyât n'en faſſe vn mauuais côte.

TERSANDRE.

Mes yeux l'admireront, mon cœur l'adorera,
Mais fors moy seulement aucun ne le verra.

FLORINDE.

Quoy vous me refusez?

TERSANDRE.

Dieu quelle est vostre enuie :
Demandez-moy plutost iusqu'à ma propre vie.

FLORINDE.

Gardez-bien le portraict, mais croyez desormais,
Que pour l'Original vous ne l'aurez iamais. *elle sort ie.*

TERSANDRE.

Aucun ne l'aura donc, que deuant cette espée
Ne se voye en son sang iusqu'aux gardes trempée.

Fin du second Acte.

ACTE III.
SCENE PREMIERE.

FLORINDE, seule.

Doncques de mes faueurs l'Insolent s'est vanté,
Ha! ie ne puis souffrir ce trait de vanité,
Ie veux estre vangée, & monstrer à ce Traistre
Que mon amour est mort pour ne iamais renaistre,
Pour ne iamais renaistre! ha! ie m'en vante à tort,
Vn amour si parfait renaist dés qu'il est mort:
Dans mon cœur ie le sens qui desia resuscite,
Et pour l'en empescher ma force est trop petite:
Mais si nostre raison n'a rien d'assez puissant,
Pour estouffer en nous ce Monstre renaissant,
En mourant dans ses fers au moins treuuons l'vsage
De porter la franchise & la ioye au visage,
Dissimulons enfin nostre honteux regret,
Et ne souspirons plus, si ce n'est en secret,

Moy ſouſpirer pour luy ! moy l'eſtimer encore ?
Non non, ie me meſprens , ie le hay, ie l'abhorre ;
I'ay recouuré la veuë, & changé tout ſoudain,
Vne ſi grande eſtime en vn plus grand dédain,
Mais Ragonde en ces lieux arriue en diligence.

SCENE DEVXIESME.

FLORINDE, RAGONDE.

RAGONDE.

VN Malade d'Amour ſans eſpoir d'allegeance,
Lucidor, ce Reſveur qui dort moins qu'vn Lu-
Vous attendant au Temple a paſſé le matin,   [tin,
Et dans ce mot d'eſcrit vous dépeint ſon martyre.

Ragonde luy apporte vne lettre de Lucidor.

FLORINDE.

Quoy, le Fourbe qu'il eſt, oſe encore m'eſcrire ?
Reportez-luy ſa lettre, & luy faités ſçauoir,
Que iamais de ſa part ie n'en veux receuoir;
Il monſtre mes faueurs, il en prend aduantage,
Et i'en ay de Terſandre vn certain teſmoignage,

RAGONDE.

O le plaisant tesmoin qu'un Riual si ialous!
Il a des visions, il est au rang des fous.
Vous le dires vous-mesme; & son extrauagance
Ne se peut comparer qu'à sa seule arrogance:
Il se vante en Gascon, se marche en Espagnol,
Et pense que le Ciel est trop bas pour son vol:
Il enrage de voir son amour maltraittée,
Son tymbre en est feslé, sa ceruelle euentée,
Et tantost un caprice hors de comparaison
L'a fait sans me cognoistre heurter à ma maison:
Il m'a chante goguette, & sans aucune cause
Il luy sembloit à voir que i'estois quelque chose;
Mais le reste à loisir se pourra mieux conter,
Madame cependant cessez de l'escouter;
Il est fou, mais meschant, & menteur au possible.

FLORINDE.

Que dit-il dont ie n'aye une preuue visible?
Apres auoir d'abord arraché de sa main,
Mon portraict, dont ce traistre osoit faire le vain,
Me l'a-t'il pas fait voir? pouuez-vous le deffendre?

RAGONDE.

Ne le condamnez pas, auant que de l'entendre;

Peut

Peut-estre son mal-heur a perdu le portrait,
Et l'autre le treuuant vous a ioüé d'vn trait.

FLORINDE.

Quoy qu'il en soit, Ragonde, il a fait vne offense,
Sinon de vanité, du moins de negligence;
Folle donc qui s'y fie, & qui ne cognoit bien,
Que de tous les Amants le meilleur ne vaut rien;
Ie sçay leurs vanitez, ie sçay leurs médisances,
Ie prens pour trahisons toutes leurs complaisances,
Et c'est mon sentiment qu'il n'est rien de si doux,
Que de n'auoir iamais ny d'Amant ny d'Espoux.

RAGONDE.

Mais encor,

FLORINDE.

Brisons là; tout ce que ie souhaitte
N'est que de me vanger pour mourir satisfaitte,
Ne l'excusez donc point, & courez le trouuer,
Ce méchant, qui du Ciel doit la foudre esprouuer;
Il a de mes faueurs, allez, faites en sorte,
De l'amener ce soir, & qu'il me les rapporte.

RAGONDE.

Madame,

G

FLORINDE.

Je le veux,

RAGONDE.

J'y vay donc de ce pas;

FLORINDE.

Mais dites luy qu'il vienne, & qu'il n'y manque pas;

RAGONDE.

C'est assez dit.

FLORINDE.

Surtout vous luy ferez promettre,
Qu'il me rapportera iusqu'à la moindre lettre,
Ie veux rompre auec luy pour ne plus renoüer;

RAGONDE.

Vostre colere est grande, il le faut aduoüer.

FLORINDE.

Sa faute l'est bien plus, mais Dieu! voicy ma Mere;
Reserrez cette lettre, éuitez sa colere.

RAGONDE.

Ie sçauray dans le nid remettre ce poulet;
Et craignant son couroux filer doux comme laict.

SCENE TROISIESME.

OLYMPE, FLORINDE, RAGONDE.

OLYMPE.

Ainsi donc à toute heure il faut que ie descende,
Pour voir ce que chés moy cette femme demãde:
Quoy? deux fois en vn iour, nous venir visiter?

RAGONDE.

I'auois tantost, Madame, oublié d'apporter
Des perles que voicy, blanches, rondes, polies,
Et que par l'artifice on n'a point embellies.

OLYMPE.

Est-ce le seul sujet qui vous conduit icy?

RAGONDE.

I'ay bien quelques byjoux à vous monstrer aussi.

OLYMPE.

Et vous n'apportez point parmy ces bagatelles,

De ces petits poulets qui cajollent les belles?

RAGONDÉ.

Qu'entendès-vous par-là? pour qui me prenés-vous?
Moy donner des poulets en monſtrant des byjoux!
Qu'vne femme de bien eſt ſouuent ſoubçonnéeı

OLYMPE.

Ne vous y joüez pas, vous ſeriez mal-menéé:
Mais côbien en vn mot, vendrez-vous ces deux rangs?

RAGONDE.

Pas vne maille moins de ſeize mille francs.

OLYMPE.

Ie ne vous puis qu'offrir, cette ſomme eſt trop grande.

RAGONDE.

Ie les ay refuſez, ou iamais ie n'en vende.

OLYMPE.

Ne les pourrois-ie point auoir pour la moitié?

RAGONDE.

Bien moins pour ce prix là, que pour voſtre amitié,
Il faudroit ſur ma foy qu'on les euſt deſrobées,

OLYMPE.

Comment entre les mains vous ſont elles tombées

RAGONDE.

Pourquoy dire comment? cela m'eſt deffendu,
Il ſuffit que ie liure, apres que i'ay vendu.

OLYMPE.

L'eau ne m'en deſplaiſt pas,

RAGONDE.

Nulle autre n'en approche,
Voyez il ne faut point achepter chat en poche:
Regardez-les partout, c'eſt vn marché donné,
Mais quoy, ie ne vends rien, ie n'ay pas eſtrené,
Et ne laiſſe a ſi peu, ſi belle marchandiſe
Que pour auoir l'honneur de voſtre chalandiſe,
Madame, ce collier, foy de femme de bien,
Vaut entre deux amis, vingt mille francs, ou rien,
Ie ne ſurfais iamais, hé bien! vous duiſent elles?
Si vous en acheptez, prenez-en d'auſſi belles;
Qui choiſit prend le pire, & qui barguigne tant,
En a touſiours plus cher,

OLYMPE.

Ie paye argent contant,

RAGONDE.

On ne fait plus credit de quoy que l'on achepte,
Sinon depuis la main iuſques à la pochette,

Qui preste maintenant n'est pas fin à demy,
Et souuent d'vn Intime, il fait vn ennemy,
Maudy soit le premier qui presta sur la mine,
Viue l'argent contant, il porte medecine,
Chez-moy Credit est mort, & l'on n'ignore pas,
Que de mauuais payeurs ont causé son trespas.

OLYMPE.

Je vous veux bien payer, mais c'est chose certaine,
Que ce collier n'est point tout ce qui vous ameine,
Vous ne le mettez pas à raisonnable prix,
La peur en me parlant agite vos esprits,
Vostre teint a changé quand ie me suis monstrée,
Et ie vous tiens enfin, vne femme attiltrée,
Vous subornez ma fille, & contre mon dessein,
Luy soufflez par l'oreille vn poison dans le sein,

RAGONDE.

O Dieu! qui vid iamais femme plus soubçonneuse?
Quoy? ie passe chez-vous pour vne suborneuse,
Ie suis femme d'honneur, i'en leuerois la main,

OLYMPE.

Ie deurois la leuer, & vous punir soudain,
Je ne sçay qui me tient.

Elle r'entre

RAGONDE, seule.

Ie l'ay belle eschappee,
Mais ie veux bien mourir si i'y suis ratrappee;
Ie n'ay membre sur moy qui de peur n'ayt tremblé,
Et mon esprit encore en est comme troublé;
D'vne telle frayeur taschons à nous remettre,
Courons chez Lucidor, redonnons-luy sa lettre.
Mais, qui vois-ie arriuer?

SCENE QVATRIESME

RAGONDE, BERONTE.

BERONTE.

Ie suis vn vray longis,
D'estre encore à courir iusqu'à vostre logis;
Mais i'allois pour m'y rendre, afin d'obtenir grace,
Et puis auecque vous trinquer à pleine tasse.

RAGONDE.

N'y viens pas, si d'abord tu n'en veux à mon gré
Conter à reculons iusqu'au dernier degré:
Oses-tu bien encor, Monstre de medisance,

Apres vn tel affront parestre en ma presence?
Deuant ce Fanfaron, deuant ce Fierabras,
Qu'à peine ie cognois, qui ne me cognoit pas :
Me traitter de gaillarde, & conter des sornettes,
A te faire au derriere attacher des sonnettes,
I'en creue en mes panneaux, où cet indigne tour,
Me fait enfler le sein aussi gros qu'vn tambour :
Mais ie sçauray te rendre iniure pour iniure,
Adieu, garde ton dos de mauuaise auanture.

Elle rentre.

BERONTE, seul.

Le feu de son courroux, tant soit il vehement,
Dans vn peu de piot s'esteint facilement :
Aussi pour l'en coiffer ie m'en irois la suiure,
N'estoit que ie ne sçay si ie ne suis point yure :
I'ay trinqué trop de fois d'vn certain vin nouueau,
Qui fait tinter l'oreille, & tourner le cerueau,
Ce portrait merueilleux, & treuué par merueille,
Tout iusques au goulet a remply ma bouteille,
I'en ay tiré la piece, & peut-estre sans luy,
I'aurois couru danger de ieusner auiourd'huy.
Mais sont-ce pas vraiment des esprits d'imposture,
Qui disent que le vin conforte la Nature :
Et que pour soustenir le corps vn iour entier,
Il suffit le matin d'vn bon demi-setier :
I'en ay beu plus de quarte, & si, quoy que ie fasse,

A peine

A peine sans broncher, ie puis changer de place,
Je chancelle, & ie croy que celuy n'est pas fin,
Qui pour marcher plus ferme a fait jambes de vin.
Cependant, ô mal-heur! si ie ne prens courage,
Ce grand Coupe-jaret viendra me faire outrage.
Fuyons, mais ie ne puis faire vn pas maintenant,
Ce vin n'est gueres fort, il n'est pas soustenant,
Ie tombe, ie suis pris.

SCENE CINQVIESME.

TERSANDRE. BERONTE.

TERSANDRE.

Enfin ie te retreuue
Et de ce bras vangeur tu vas faire l'espreuue;
Ouy ie te tiens, perfide, & tu m'esclairciras,
Ou de cent coups d'espée à l'instant tu mourras,
Parle, qui t'a donné ce portrait adorable?

BERONTE.

Le hazard.

TERSANDRE.

Le hazard! qui t'a donc, miserable,

H

Fait feindre qu'elle mefme auoit mis en tes mains,
Vn ouurage à charmer tous les yeux des humains?

BERONTE.

La faim,

TERSANDRE.

Comment la faim?

BERONTE.

N'ayant plus de quoy frire,
l'ay tafché d'en r'auoir.

TERSANDRE.

Qu'eft-ce que tu veux dire?

BERONTE.

l'ay treuué fon portrait, ie ne la cognois pas.

TERSANDRE.

Mais chez la Reuendeufe elle a porté fes pas,
Auec vn Vergalant,

BERONTE.

C'eft chofe que i'ay veuë,

TERSANDRE.

Hé, de quelle façon eftoit elle veftuë?

BERONTE.

Rauy de ses appas, Monsieur, i'ay seulement,
Contemplé le visage, & non l'habillement,

TERSANDRE.

Qu'est-cecy ?

BERONTE.

Toutesfois cette ieune merueille,
Auoit, comme ie croy, le bouquet sur l'oreille,
Sans doute, elle est a vendre :

TERSANDRE.

Elle n'en met iamais,
Ne sçais-tu rien de plus,

BERONTE.

Non, ie vous le promets :
Si ce n'est que mon nez, m'a dit entre autre chose,
Qu'elle porte des gans qui sentent comme rose.

TERSANDRE.

Tu l'a prens pour vne autre, elle craint les senteurs,
Et dés-là ie te tiens le plus grand des menteurs,
Mais plus ie te regarde, & plus ie m'imagine,
Qu'en toy, ie voy paraistre, & le port & la mine :

D'vn assez bon Valet, qui par legereté,
Depuis desià long-temps mal-gré moy m'a quitté,
Les transports où i'estois par ton faux tesmoignage,
M'ont tantost empesché d'obseruer ton visage:
Ie t'ay veu, sans te voir, mais tu m'ostes d'erreur,
Et chasses loin de moy cette aueugle fureur,
Enfin ie voy Beronte.

BERONTE.

Hé Dieu! voy-je Tersandre?
Quoy mon Maistre, est-ce vous? on m'auoit fait en-
Que vous auiez en Greue esté roüé tout vif. [tēdre,

TERSANDRE.

Certes tu n'es pas moins credule que naif.

BERONTE.

On a dōc pris pour vous quelqu'vn qui vous ressēble,
Cependant est-il vray que le sort nous r'assemble.
La voix vous a grossy, le poil vous est venu,
Si bien qu'en vous voyant, ie vous ay mescogneu.

TERSANDRE.

La barbe comme à moy t'estant aussi venuë,
Et ton crotesque habit ont fasciné ma veuë:
Mais voicy les iours gras, & possible. allois-tu

Porter quelque Momon, estant ainsi vestu.

BERONTE

Ie suis vn peu plus leste à mon accoustumée,
Et i'auois vaillamment faict fortune à l'Armée,
Ouy, i'en estois venu vestu comme vn oignon:
Mais de certains Filous, qui me portent guignon,
Ont crocheté ma chambre, & pris tout mon bagage.

TERSANDRE.

Ie te plains, mais où donc a paru ton courage?

BERONTE.

L'Allemagne est tesmoin si ie crains le danger,
Quand la Trompette sonne, & qu'il en faut manger,
I'y cours tout des premiers, & porte tout par terre,
Aussi Frappe-d'abord estoit mon nom de Guerre.
Dans la meslée vn iour treuuant le Papenain,
Ie parus vn Geant, qui combattoit vn Nain,
Et mon front fut deslors à l'honneur de la France,
Plus couuert de Lauriers qu'vn iambon de Mayence.
Que vous diray-ie plus? i'estois dans le festin,
Où se fit le complot de tuer le Vualstin,
Et dés que ce grand Traistre eut perdu la lumiere,
On me luy vid donner mille coups par derriere.

TERSANDRE.

Donc apres qu'il fut mort tu luy fis bien du mal?

BERONTE.

Aux Trigaux comme luy mon courage est fatal.

TERSANDRE.

Tes discours autrefois marquoient quelque prudence:
Mais tu ne parles plus qu'auec extrauagance.

BERONTE.

Ces Filous en sont cause, ils m'ont éceruelé,
Et tout mon pauure esprit s'en est tantost allé,
Par trois ou quatre trous qu'ils m'ont faicts à la teste.

TERSANDRE.

Ie les quitterois-là.

BERONTE.

C'est à quoy ie m'appreste,
Ie n'ay que trop seruy ces trois Diables d'Enfer,
Le Balaffré, le Borgne, auec le Bras-de-fer:
Mais qui vous rēd chagrin? si mō œil ne voidtrouble,
Ie suis plus gay que vous, moy qui n'ay pas le double.

TERSANDRE.

Ie n'ay iamais de rien faict secret, auec toy,
Ie suis dans vn malheur seul comparable à soy.

I'ayme.

BERONTE.

Hé bien: vous aymez, c'est chose assez commune.

TERSANDRE.

Mais on ne m'ayme point, vn Riual m'importune,
Et nul effort secret de mes inuentions,
Ne le peut destourner de ses pretentions.
Nous auons eu parolle, & quoy qu'il m'en aduienne,
Ie m'en vay mesurer mon espée à la sienne.

BERONTE.

Pourueu que grand de cœur, & souple de jaret,
Vous fassiez à l'espée aussi bien qu'au fleuret,
Quelqu'adroit qu'il puisse estre il en aura dans l'aisle:
Mais de vos differens au moins la cause est belle?

TERSANDRE.

Belle, à n'auoir rien veu de si beau sous les Cieux.

BERONTE.

La beauté vaut beaucoup, mais l'argent vaut bien
En a t'elle?   [mieux,

TERSANDRE.

Son pere estoit vn homme chiche.

Et qui, dans les partis, comme vn Iuif, s'eſt faiſt riche.

BERONTE.

Comment l'appellez-vous?

TERSANDRE.

Almir.

BERONTE.

Quoy, ce Maraut,
Qui ſeul a faiſt monter le vin à prix ſi haut?
Quoy ce Monopoleur, dont l'art diabolique
A retranché le quart de la liqueur Bachique?
Vn iour, ſi des talons il n'euſt eſté diſpos,
L'appellant Maltôtier, Voleur, Rogneur de pots,
Cent beuueurs l'alloient pendre auec vne bouteille.
Pour auoir mis impoſt ſur le jus de la Treille.

TERSANDRE.

Tay toy.

BERONTE.

C'eſt vn ſecret que ie ne puis celer,
Vne iuſte douleur me force de parler.
Ie ne boy preſque plus que vinaigre & qu'abſinthe,
De ſimple ripopé vaut cinq & ſix ſous pinte.

Enfin

Enfin il est si cher, que qui n'a bien dequoy,
Souuent auec sa soif se couche comme moy.

TERSANDRE.

C'est trop.

BERONTE.

Vostre Riual, est-il plus honneste homme?
Apprenons ce qu'il est, & comment il se nomme.

TERSANDRE.

Son nom est Lucidor.

BERONTE.

Quoy luy vostre Riual?
Je crains, non sans raison, qu'il ne vous traitte mal:
Ie connois sa valeur, c'estoit mon Capitaine,
Quãd sur les bords du Rhin, i'ay souffert tãt de peine:
Mais enfin auec luy, ie m'y suis signalé,
Nous auons veu Galas, & l'auons bien galé.

TERSANDRE.

Est-il donc si vaillant?

BERONTE.

Mes yeux l'ont veu comlattre,

Et contre l'Ennemy faire le diable à quatre:
I'estime ce Guerrier, mais ie ne l'ayme pas ;
Et ie voudrois desia qu'il eust passé le pas,
Il m'a traitté cent fois auec ignominie ,
Et mis honteusement hors de sa compagnie.

TERSANDRE.

Hé ! la raison?

BERONTE.

Vn iour il creut prendre sans vert
Ce brusleur de Maisons, ce fameux Iean de Vvert:
Mais nous perdismes temps, & peine à le poursuiure,
Il s'eschappa de nous, encore qu'il fust yure.

TERSANDRE.

Hé ! comment fit-il donc?

BERONTE.

Disons tout auiourd'huy,
C'est que mes compagnons estoient plus saouls que luy,
Et qu'estant estourdis d'auoir trop fait desbauche,
Ils le suiuoient à droit, lors qu'il fuyoit à gauche.
Lucidor, que sa fuitte auoit mis hors de soy,
Me treuuant, deschargea sa colere sur moy;
Me traitta d'éuenté, de poltron, & d'yurogne;
Et me chassa d'abord, me donnant sur la trogne.

Ie veux donc contre luy vous seruir au besoin,
Battez-vous hardiment, ie seray dans vn coin;
Et si tost que de-là ie verray son courage,
Estre prest d'emporter sur le vostre aduantage;
Ie viendray finement d'vn coup d'estramaçon:
Pour fendre iusqu'aux dents vn si mauuais garçon.

TERSANDRE.

Ainsi tu vangeras ta querelle & la mienne,
Ie viens l'attendre icy.

BERONTE.

I'enrage qu'il n'y vienne,
Son trespas est certain:nous auons bien tous deux,
Fait ensemble autresfois des coups plus hazardeux,
Combien ayant pour vous ma valeur occupée,
Ay-je vsé de mouchoirs essuyant mon espée?
Il apprendra dans peu ce Fendeur de nazeaux,
Si ie sçay dégaisner & joüer des cousteaux,

TERSANDRE.

Le voicy, cache toy, mais retien ta colere,
Et ne te monstre point, qu'il ne soit necessaire.

Beronte se cache,

I iij

❀❀❀❀❀❀❀❀❀❀❀❀❀❀❀❀❀❀❀❀❀❀

SCENE SIXIESME.

LVCIDOR. TERSANDRE. BERONTE.

TERSANDRE.

ENfin vous le voulez, le fort en est ietté,
Mais n'est-ce pas folie ou plutost lascheté?
Que de se battre ainsi pour vne ame inconstante?
Et qui honteusement a trahy vostre attente?
Reprenez vos Esprits, n'aymez plus qui vous hait,
Et laissez-moy jouyr du bien qu'elle m'a fait.

LVCIDOR.

Quoy, Florinde, en vos mains a remis sa peinture?
Il ne se dit iamais de pareille imposture.
Tirez, tirez l'espée, & sans plus discourir,
Songez à vous deffendre, ou plutost à mourir,
Si vous ne me rendez vne chose si belle.

TERSANDRE.

Tersandre
se débou-
tonne, &
fait voir à
Lucidor le
portrait de
Florinde
sur sa che-
mise.

Pour la derniere fois iette les yeux sur elle,
Là voilà.

LVCIDOR.

Ie seray bien-tost victorieux.

Quoy que vous m'ayez mis le Soleil dans les yeux.

TERSANDRE.

Qui vous!

LVCIDOR.

N'en doutez point, ouy selon mon enuie,
Vous rendrez le portraict, ou vous mourrez.

TERSANDRE.

La vie.

LVCIDOR.

Hé bien, ie vous la laisse, & vostre espée encor,
Il suffit que i'emporte vn si rare tresor.

Il rentre.

Lucidor
l'ayant ter-
rassé luy ar-
rache le
portraict,
& s'en va.

TERSANDRE.

Toy qui les bras croisez nous as regardé faire,
Homme le plus poltron que le Soleil esclaire,
Pourquoy, lasche, pourquoy quand il m'a terrassé,
N'as-tu pas dans ses reins vn poignard enfoncé,
Responds: mais dans ce coin il dort ou ie m'abuse.
Holà-ho?

BERONTE.

Qui-va-là? i'y suis, mon harquebuse?

Beronte
s'estant
endormy
dans vn
coin se res-
ueille en
sursaut.

Où sont les Ennemis ? courons faut-il donner?
Vous verrez si iamais on peut mieux assener,

TERSANDRE.

Est-ce ainsi sac à vin que l'on tient sa promesse,

BERONTE.

Ha! pardon, ie resuois, i'ay tort, ie le confesse;
Mais vos dons en sont cause, ouy vostre quart-d'escu
A fait que i'ay tantost mis bouteille sur cu;
Ce n'estoit que ginguet, & pourtant ses fumées,
Ont insensiblement mes paupieres fermées.

TERSANDRE.

Cependant mal-heureux, il m'a tout emporté.

BERONTE.

Vous auriez eu besoin de ce bras indompté,
Ie vous l'auois bien dit qu'il alloit à la charge,
Et vous en donneroit & du long, & du large;
Que ne m'esueilliez-vous? ie veux estre berné,
Si ce ne seroit fait de ce Diable incarné.

TERSANDRE.

Suy-moy, traistre, suy-moy.

BERONTE.

Dieu, prenez ma deffense.

TERSANDRE.

Mille coups de baston puniront ton offense.

Comme Tersandre & Beronte r'entrent, les Filous les apperçoiuent,

❦❦❦❦❦❦❦❦❦❦❦❦❦❦❦❦❦

SCENE SEPTIESME.

LE BALAFRE. LE BRAS-DE-FER. LE BORGNE.

LE BALAFRE.

Courons apres ces Gens, il est nuict, autant vaut.

LE BRAS-DE-FER.

Que profiterons-nous à les prendre d'assaut?
Au Diable soit donné le lange qui les couure,
Puis ils heurtent là bas, & voilà qu'on leur ouure.

LE BORGNE.

Ils rodent en pourpoinct sans lumiere & sans train,

LE BALAFRE.

Les manteaux en Hyuer craignent fort le serain;
Et leurs Maistres le soir les laissant dans la chambre,
Comme au chaud de Iuillet vôt au froid de Decembre,

Mais l'vn de ces deux-là, si mon œil n'est trompé,
Est nostre Receleur de nos mains eschappé,
Attendons-le au retour, pour luy donner atteinte.

LE BORGNE.

Mais s'il nous apperçoit, il fremira de crainte,
Et fust-il Cû-de-iatte, en ce mesme moment,
Il treuuera des pieds, & fuyra promptement.

LE BRAS-DE-FER.

Cachons-nous donc tous trois, & s'il sort sans escorte,
Battons-le iusqu'à tant que le Diable l'emporte.

Fin du troisiesme Acte.

ACTE IIII.

SCENE PREMIERE.

RAGONDE.

Dieu, qu'est-ce que ie voy? n'allons pas plus auãt, *Les Filous*
De peur de ce Filou, tapy sous cet auuent; *paroissent.*
Mais vn autre plus loin s'offre encore a ma veuë,
Ils sont deux, ils sont trois, c'est fait, ie suis perduë,
Où fuiray-ie? le cœur me bat comme vn claquet, *Elle heurte*
Et s'ils m'apperceuoient, ie serois bien du guet. *chez Luci-*
Heurtons viste, r'entrons. *dor, d'où elle vient de sortir,*

SCENE DEVXIESME.

LVCIDOR, RAGONDE.

LVCIDOR.

Qu'est-ce qui te r'ameine?

K

RAGONDE.

Ie tremble,

LVCIDOR.

Qu'as-tu donc?

RAGONDE.

　　　　　Trois grands Tireurs-de-laine
Sont au guet à cette heure, & iettent dans ces lieux,
La main sur les passans aussi-tost que les yeux ;
Ie les viens d'entreuoir, & prenant l'espouuante,
Aussi-tost i'ay heurté plus morte que viuante ;
Mais ils sont disparus, & ie cours à l'instant,
Treuuer à petit bruit Florinde qui m'attend,
Pour r'auoir ses faueurs, qu'elle vous redemande,

LVCIDOR.

S'est-il iamais commis d'iniustice plus grande?
Qu'ay-ie dit? qu'ay-ie fait? ha malgré son desir,
Ie les conserueray iusqu'au dernier soûpir,
Et quand mesme la mort aura finy mon terme,
Sous la tombe auec moy ie veux qu'on les enferme,

RAGONDE.

C'est-là qu'elles seront en lieu de seureté,

LVCIDOR.

Vouloir m'oster ainsi ce qui m'a tant cousté,
Non, non Ragonde non, retourne-t'en luy dire,
Qu'elle n'obtiendra rien de ce qu'elle desire.

RAGONDE.

Ie crains que ce refus n'irrite son courroux,

LVCIDOR.

S'il m'estoit plus cruel, il me seroit plus doux,
Qu'il m'arrache la vie, & ie luy rendray grace,

RAGONDE.

Est-il transport d'Amour qui le vostre surpasse?
Mais c'est trop m'amuser.

LVCIDOR.

Que dira-t'elle, helas?

Reuien,

RAGONDE.

Que voulez-vous?

LVCIDOR.

Rien, rien, poursuy tes pas,

RAGONDE.

Adieu donc

LVCIDOR.

Toutesfois, encore vne parolle.
A quoy me résoudray-ie?

RAGONDE.

O demande friuole?
Il luy faut obeyr

LVCIDOR.

O trop iniuste sort?
Faut-il que ce portrait soit cause de ma mort?
Clorise l'a perdu par trop de negligence,
Et cependant moy seul i en fais la penitence,
Sa faute, & mon mal-heur ne peuuent s'esgaler.

RAGONDE.

Vostre bouche a promis de iamais n'en parler,
Mais vous estes Norman, vous pouuez vous dedire.

LVCIDOR.

Ha! ne te raille point, il n'est pas temps de rire,

RAGONDE.

Que vous estes Niais de vous taire auiourd'huy,
Quand on punit en vous la sottise d'autruy,
Que dira le pays où vous pristes naissance ?
Luy qui se fait nommer pays de sapience ?
Iamais à son dommage on n'y garde sa foy,
Et c'est estre peu fin que d'agir contre soy.

LVCIDOR.

Tu me donnois tantost des conseils bien contraires.

RAGONDE.

Il faut nouueaux conseils à nouuelles affaires,
Ie ne deuinois pas ce qui vient d'arriuer,
Mais Florinde parest, allons tost la treuuer

SCENE TROISIESME.

LVCIDOR, FLORINDE, CLORISE, RAGONDE.

LVCIDOR.

Vis-ie bien me resoudre à cette perfidie ?
Amour inspire moy ce qu'il faut que ie die,
Ie viens pour obeyr à vos commandemens ,
Vous rendre ce qui fait tous mes contentemens.

Mais du moins, ô merueille! à mes yeux adorable;
Apprenez moy, de grace, en quoy ie suis coupable.

FLORINDE.

Quoy voſtre vanité, temeraire, indiſcret,
N'a pas dit que ſouuent ie vous parle en ſecret,
Et n'a iamais monſtré mon portraict à perſonne?

LVCIDOR.

Non, ou que pour iamais Florinde m'abandonne.

FLORINDE.

Terſandre ne l'a pas arraché de vos mains?

LVCIDOR.

Terſandre peut-il ſeul plus que tous les humains?

FLORINDE.

Il a ſceu toutesfois vous contraindre à le rendre.

LVCIDOR.

Ce que ie n'auois pas, pouuoit-il me le prendre?
Helas!

FLORINDE.

Expliquez vous; ſans faire l'eſtonné.

De ma part ce matin vous l'a-ton pas donné?
Quoy vous ne l'auiez pas? qu'en dites-vous Clorise?
Vous changez de visage, & paroissez surprise?
D'où vient ce changement? parlez.

CLORISE.

Madame.

FLORINDE.

Hé bien,
Vous en demeurez-là! vous ne dites plus rien.

RAGONDE.

Qui ne prendroit cecy pour vne Comedie?

CLORISE.

Dieu comme on me trahit! Dieu quelle persidie!

RAGONDE.

La mesche est descouuerte, implorez sa mercy.

FLORINDE.

Ie ne la veux plus voir, qu'elle sorte d'icy,
Ou que de mon portraict elle me rende conte.

CLORISE.

Ce conte peut-il bien se rendre qu'à ma honte?

Il est vray, Lucidor ne l'a iamais tenu:
Mais ie vous ay caché le malheur aduenu;
Ie l'ay perdu, Madame, & n'ozant vous le dire,
Mon silence a causé vostre commun martyre.

FLORINDE.

Dieu! que me dites vous?

CLORISE.

Je vous parle sans fard.

FLORINDE.

Tersandre l'auoit donc rencontré par hazard?

LVCIDOR.

Il est ainsi, Madame, & i'ay sçeu par les armes
Arracher de sa main ce miracle de charmes:
Plus que sa propre vie il feignoit le cherir,
Mais il a mieux aymé le rendre que mourir.

FLORINDE.

De quelle ancre assez noire est digne d'estre escrite
La malice qui regne en cette ame hypocrite?
Il est esgalement, & meschant, & jaloux.

LVCIDOR.
Cependant on vous force à l'auoir pour Espoux:
Mais

Mais à la violence opposons la finesse,
Ne peut-on surmonter la force par l'adresse?
Si vous m'aimez,

FLORINDE.

Quel si! pouuez-vous en douter?

LVCIDOR.

A la faueur de l'ombre il nous faut absenter,
L'Amour garde par tout ceux qui luy sont fidelles,
Et pour nous enfuir il nous offre ses aisles;

FLORINDE.

Cette offre auec honneur se peut-elle accepter?

LVCIDOR.

En ce pressant besoin doit-on la reietter?
Sauuez-vous, sauuez-moy,

FLORINDE.

Sauuez ma renommée,
Voulez-vous pour iamais me rendre diffamée?
Ha! vous ne m'aimez point.

LV CIDOR.

Ha! si vous pouuiez voir,

L

Ces Esprits qui me font & parler & mouuoir,
Vous verriez voftre image au plus beau de mon ame,
Et feriés efbloüye, à l'esclat de ma flame.

FLORINDE.

La mienne n'est pas moindre, & mon contentement
Seroit d'estre auec vous iufqu'au dernier moment,
Mais vous fuiure en cent lieux comme vne vagabõde!
Que diroit-on de moy?

LVCIDOR.

        Laiffez parler le monde,
Et rendez-vous heureufe en me rendant heureux,

FLORINDE.

Mon deuoir me deffend de complaire à vos vœux,

RAGONDE.

Enfin que dira-t'il?enfin que dira-t'elle?
Vous empefche d'aller où l'Amour vous appelle
Ou quelque bon Frater, eftant peu fcrupuleux,
Puiffe en Catiminy, vous efpoufer tous deux,

FLORINDE.

Ferois-ie cet affront à ceux dont ie fuis née?
Ils fçauroient s'en vanger, romproient mon hymenée,

Pesteroient contre moy, retiendroient tout mon bien;
Et iamais nul mal-heur ne fut esgal au mien.

RAGONDE.

Ie croy bien que d'abord quelque Diable en soutane,
Lancera sur vous deux mille traits de Chicane;
Mais contre la Iustice ayant bien regimbé,
Il faudra qu'à la fin ils viennent à jubé;
Iusqu'au dernier teston ils rendront la richesse,
Qu'autresfois vostre pere acquit par son addresse,
A-t'on veu Partizan faire mieux son mago?
Il pondoit sur ses œufs & viuoit à gogo,
Vous estes belle au coffre aussi bien qu'au visage,
Et vingt mille escus d'or sont vostre mariage.
Mais quoy? si vostre Mere un iour y met la main,
Ces vingt mille Soleils s'esclipseront soudain,
Et n'ayant plus l'esclat dont ils vous font parestre,
Chacun fera semblant de ne vous plus cognoistre;
Quoy que vous soyez belle on vous mesprisera,
Et nul pour vos beaux yeux ne vous espousera;
Toutesfois ie me trompe, & quand vostre richesse,
Consisteroit sans plus en l'or de vostre tresse,
Lucidor est fidelle; & si coiffé de vous,
Qu'il feroit vanité de se voir vostre Espoux.

LVCIDOR.

Vostre seule personne à mon ame rauie,

L. iij

L'esclat de vos grands biens tente peu mon enuie;
Et si quelque mal-heur vous les auoit ostez,
Ie n'en serois pas moins captif de vos beautez :
Mais il faut l'vn ou l'autre; ou que ie vous enleue,
Ou que de mon Riual l'entreprise s'acheue,
Et qu'on voye à ma honte, & malgré vos efforts,
Cét orgueilleux Démon posseder ce beau corps.

FLORINDE.

Quoy luy me posseder ! puisse plutost la Foudre
Me frapper à vos yeux & me reduire en poudre.
Il n'a bien n'y vertu qui me puissent tenter,
Et ses soubmissions ne font que m'irriter.
Moy sous ses volontez me voir assujettie !
Moy souffrir qu'on m'attache à mon antipathie!
Non, non, ne craignez rien, ie vous tiendray la foy,
Et la mort auant luy triomphera de moy.

LVCIDOR.

Donc la peur de vous voir à son ioug asseruie
Arresteroit le cours d'vne si belle vie!
Ie rompray par sa perte vn si sanglant dessein,
Ouy cent coups de poignard luy perceront le sein;
Et si mon action attire vostre blasme,
De ce mesme poignard ie coupperay ma trâme.

FLORINDE.

Quelle aueugle fureur vous agite auiourd'huy
Iusqu'à le vouloir perdre, & vous perdre apres luy?
Chaßez loin le desir de ce double homicide,

LVCIDOR.

Chaßez donc loin außi cette vertu timide
Qui s'effroyant de tout vous retient d'euiter
L'orage qui sur vous est tout prest d'esclatter.

FLORINDE.

A la fin vos raisons ébranlent ma constance,
Et ce n'est plus qu'en vain qu'elle y fait resistance:
Donc à ce qu'il vous plaist ie veux bien consentir,
Et mesme auant le iour me resoudre à partir,
Mais lors que de vous seul estant accompagnée
Ie seray pour iamais de ces lieux esloignée,
Ne me demandez rien contre ce que ie doy,
Monstrez que vous m'aimez moins pour vous que
Et sans iamais brusler d'vne illicite flame, [pour moy,
Gardez-bien que le corps ne triomphe de l'ame,
Quoy que ie vous estime, & vous prefere à tous,
I'ayme encor toutesfois mon honneur mieux que vous
Et si vous l'offensez, ie m'osteray la vie.

LVCIDOR.

Quel Demon peut iamais m'en inspirer l'enuie?

Vos *seules volontez, regleront mes desirs,*
Et le bien de vous voir fera tous mes plaisirs.

FLORINDE.

D'öcques sur le mi-nuit sans qu'on vous puisse entëdre
A la porte secrette ayez soin de vous rendre;
Mais, adieu, quelqu'vn vient.

Elle rentre.

RAGONDE.

Dieu! ce sont ces Filous,

LVCIDOR.

Ne crains rien.

RAGONDE.

Hé! tout beau, rengainez, sauuons-nous.

SCENE QVATRIESME.

LE BALAFRE'. LE BRAS-DE-FER. LE BORGNE

LE BALAFRE'.

QVel bruit chers compagnons a frappé nos oreilles?
Tandis qu'ainsi tous trois nous beyons aux Cor-
neilles,
Ce maudit Receleur pourroit bien battre aux champs,

LE BORGNE.

Ce Coquin a bon nez, il prendra mieux son temps,
Et peut-estre desia sentant nostre partie,
Il a fait en secret vn bransle de sortie.

LE BRAS-DE-FER.

Soit icy, soit ailleurs, ie l'attraperay bien,
Et cent coups de baston ne luy cousteront rien :
Mais ferons-nous encor long-temps le pied de gruë,
Attendant chappe-cheute, au coin de cette ruë ?
Filer icy la laine est vn pauure mestier,
Il ne passe personne en ce maudit quartier,
Mais si quelqu'vn y vient, il faut qu'on le destrousse,
Et s'il a bien dequoy nous en ferons carrousse.

LE BALAFRE.

Ie ne treuue rien tel que nager en grand' eau
Volons vne maison, & non pas vn manteau,
Changeons la bierre en vin, & la menestre en bisque,

LE BORGNE.

Mais garde le Preuost,

LE BRAS-DE-FER.

Nous courons peu de risque,

Cét homme enuironné de Cheualierserrans,
Prend les petits voleurs, & laiffe aller les grands,
Mais quand il me prendroit? fi ma faute eft punie,
Ie mourray pour le moins en bonne compagnie.

SCENE CINQVIESME.

BERONTE. LE BORGNE. LE BALAFRE'
LE BRAS-DE-FER.

LE BORGNE.

Silence, Compagnons, quelqu'vn marche là bas.

LE BALAFRE'.

Suiuons-le.

LE BORGNE.

Ne bougez, il dreffe icy fes pas.

LE BRAS-DE-FER.

Il nous voit, il s'enfuit, attrapons-le à la courfe.

LE BALAFRE'.

Ie le tiens, peu s'en faut, rends la vie, ou la bourfe.

BERONTE.

Là voilà.

LE

LE BALAFRE'.

Quelle est platte, elle est vuide, es-tu fou?
Tu portes vne bourse, & ny mets pas vn sou,
Ça le manteau.

BERONTE.

Prenez-le,

LE BALAFRE'.

Il ne vaut pas le prendre,
Porter du camelot il gele à pierre fendre;
Voila bien se mocquer de l'Hyuer & de nous.

BERONTE.

Mon Maistre contre moy s'estant mis en courrous,
I'ay happé le taillis, & courant en chat maigre
I'ay pris sans y penser ce manteau de vinaigre.

LE BRAS-DE-FER.

Vrayment la prise est belle, on la doit bien garder,
Mais encore au minois il faut le regarder,
Sa parolle me trompe ou me le fait cognoistre,
Ça la Lanterne, hé bien, le voila pas le traistre,
Qui comme vn honeste homme a fait courre apres luy,

M

Il prend la Lanterne & regardant Beronte au visage il le recognoist.

Ha ! que nous te ferons bonne chere auiourd'huy,
Tu nous as fait cent vols , tu nous as fait cent niches,

BERONTE.

Faites-moy quelque grace, & ie vous feray riches.

LE BORGNE.

Aurois-tu quelque part vn peu d'argent caché ?

BERONTE.

Ay-ie gouffet ny poche où vous n'ayez cherché ?
Non, ie n'ay pas vn fou, mais fçachant voftre addreffe,
Ie veux vous enseigner vn monde de richeffe,
Voyez-vous ce logis.

LE BALAFRE'.

N'auons-nous pas des yeux ?

BERONTE.

Il ne s'y treuue rien qui ne foit precieux,
Perfonne de deffenfe à prefent n'y demeure,
Et faire vn fi beau vol eft l'ouurage d'vne heure,
Vne femme s'y tient veuue d'vn Partizan,
Qui voloit en vn iour plus que vous en vn an,
Et qui par vn impoft qu'il mit fur la vendange,

A fait de son logis vn second Pont au Change,
Y peut-on plus de biens l'vn sur l'autre entasser,
Tout s'y treuue d'argent, iusqu'aux pots à pisser,

LE BORGNE.

Pour t'eschapper de nous dis-tu point vne fable?

BERONTE.

Ce ne sont que tresors, ou ie me donne au Diable,

LE BORGNE.

Et ce riche logis est de facile accez?

BERONTE.

Nous y pourrons entrer & remplir nos goussets,
Il regorge de biens cette veuue fertille,
Pour se remarier, de marier sa fille,
Ce mariage est prest, & c'est argent contant,

LE BALAFRE.

Hé! de qui tiens-tu donc, cet aduis important?

BERONTE.

Ie le tiens d'vne femme auec qui i'ay commerce,
Le mestier de reuendre est celuy qu'elle exerce,

M ij

Au deceu de la Veuve, elle y va tous les iours,
Et cognoit de ce lieu les biens & les destours :
Quelquesfois sur la brune auec elle en cachette,
Elle m'y fait entrer par la porte secrette,
Y reçoit d'vne fille habits, nappes & draps,
Et i'en reuiens chargé comme vn cheual de bats :
Or si i'en croy mes yeux, cette porte est mal seure,
Ses verroux sont mauuais, mauuaise est sa serrure,
Et de l'ouurir enfin vous viendrez bien à bout.

LE BRAS-DE-FER.

Auecque nos engins nous entrerons par tout.

BERONTE.

Mais elle à pour deffense vn effroyable Dogue,

LE BALAFRE.

Ie sçay pour l'assoupir vne admirable drogue ;
Et dont en vn moment il sentira l'effet.

LE BORGNE.

Puisse mon luminaire estre esteint tout à fait,
Si pour y voler tout ie ne fais l'impossible,
Y d'eussay-je estre pris, & percé comme vn crible.

LE BRAS-DE-FER.

Et pour ce Bras-de-fer, puiſſay-je en auoir deux,
Si ie ne ſuis encor plus que vous hazardeux.

LE BALAFRE.

Je me reſous auſſi de tenter la fortune,
Deuſſay-ie en rapporter cent balaffres pour vne:
Mais il s'agiſt de faire, & non de diſcourir.
Et de penſer pluſtoſt à viure qu'à mourir:
Que Beronte auec moy vienne donc tout à l'heure,
Pour prendre ce qu'il faut iuſques à ſa demeure:
Nous y courons enſemble, & dans peu de momens,
Nous reuiendrons chargez de diuers inſtruments,
Nous en apporterons pour limer les ferrures,
Et nous ſeruir de clefs à toutes les ſerrures,

LE BRAS-DE-FER.

Allez, & cependant nous boïrons prés d'icy.

BERONTE.

Auant noſtre retour, nous trinquerons auſſi,
Le vin me rend hardy, quand i'ay beu ie fais rage:

M iij

L'Intrigue des Filous,

LE BORGNE

Nous trousserons la pinte & non pas dauantage,
Et puis à pas de Loup nous reuiendrons daguet,
Pour voir qui va qui vient tous deux faire le guet.

Fin du quatriesme Acte.

ACTE V.

SCENE PREMIERE.

LE BRAS-DE-FER. LE BORGNE.

LE BRAS-DE-FER.

Viennent-ils?

LE BORGNE.

Nullément

LE BRAS-DE-FER.

Qu'est-ce qui les arreste?

Le Borgne
regarde si
ses compa-
gnons ne
reuiennent
poit.

LE BORGNE.

Ils s'amusent peut-estre à trinquer teste à teste,
Ces Engoule-bouteille, au gozier tout de feu,
Ne sont pas des Mignons qui boiuent pour vn peu,

Et n'ozent de rubis enluminer leurs trognes.

LE BRAS-DE-FER.

Mais ne craignez vous point que ces maistres Yuro-
Laissent le iugement au fonds du gobelet, [gnes
Et qu'icy iusqu'au iour nous gardions le mulet?

LE BORGNE.

Souuent le Receleur est rond comme vne boule,
Mais pour le Balafré rarement il se saoule:
Il boit, mais sans iamais se barboüiller l'armet,
Et son ventre est petit pour tout ce qu'il y met;
Ses débauches de vin sont en tout monstrueuses,
Et ie n'asseure pas qu'il n'ait les cuisses creuses.

LE BRAS-DE-FER.

A ce conte il auroit trois ventres au lieu d'vn,

LE BORGNE.

Au moins il boit & mange au delà du commun,
N'ayme rien que la table, & n'en sort qu'auec peine,

LE BRAS-DE-FER.

De leur retardement c'est la cause certaine,
Mais on a cent decrets contre ce Balafré,
Et les Archers du Guet l'ont peut estre coffré.

LE

LE BORGNE.

S'il est pris ie le plains il faudra qu'il en meure,

LE BRAS-DE-FER.

C'est à faire à passer quelque mauuais quart-d'heure.

LE BORGNE.

Quand nous en venons là nous sommes bien surpris,
Le Bourreau fait trembler les plus fermes esprits;
Et la corde à la main dans les lieux où nous sommes,
Quand cet homme gagé pour massacrer les hommes;
Entre, & de par le Roy, s'en vient nous saluer,
Ce funeste salut suffit pour nous tuër;
Il nous rompt au milieu d'vne publique place,
Et le coup de la mort nous est vn coup de grace,
Ce coup est-il receu; nos membres tous brisez,
Sur quelque grand chemin dem.urent exposez,
Sont l'horreur des passans, la butte des tempestes,
Seruent d'exemple au peuple, & de pasture au bestes,

LE BRAS-DE-FER.

Vous qui n'estant pas moins sçauant qu'irresolu,
Estes deuenu borgne, à force d'auoir leu,
N'auez-vous point appris que ces vaines images,
Ne donnent de l'effroy qu'à de foibles courages?

Apres que la Iuſtice à nos ans limitez,
Que nous importe-t'il où nos corps ſoient iettez?
Qu'ils ſoient ſous des cailloux, où ſous des pierreries,
Au milieu des parfums, ou parmy des voiries;
Poſez ſur des gibets, ou mis en des tombeaux,
Et ſoient mangez des vers, ou mangez des Corbeaux;
Tout eſt indifferent, ny loüange ny blaſme,
Ne touchent vn mortel quand il a rendu l'ame,
Et quiconque à du cœur, au lieu de s'eſtonner,
Regarde d'vn œil ſec ſon deſtin terminer.

LE BORGNE.

C'eſt voſtre opinion.

LE BRAS-DE-FER.

Que voſtre ame eſt craintiue!
La mort eſt touſiours mort, quelque part qu'elle arriue,
Et qui finit ſes iours couché bien mollement,
Entre les draps d'vn lict paré ſuperbement;
Ne reüit pas plutoſt que qui meurt ſur la roüe,
Et mort on n'eſt pas mieux dans l'or que dans la boüe;

LE BORGNE.

On ſiffle, les voicy;

SCENE DEVXIESME

LE BALAFRE, BERONTE, LE BRAS-DE-FER,
LE BORGNE.

LE BRAS-DE-FER.

Doublez, doublez le pas,
Falloit-il si long-temps estre à fripper les plats?
Dix heures ont frappé,

BERONTE.

Ie croy qu'il en est onze,
Mais à peine estions-nous prés du Cheual de bronze,
Que le Guet a passé tenant deux grands Filous,
Que nos yeux effroyez ont d'abord pris pour vous,
Tant ils vous ressembloient d'habit & de visage,

LE BRAS-DE-FER.

La rencontre est fascheuse & de mauuais presage.
Mais il est desia tard,

LE BORGNE.

Ne parlez pas si haut.

LE BRAS-DE-FER.

Nos engins sont-ils prests?

BERONTE.

Voicy tout ce qu'il faut,
Crochets, paſſe-partout, lime ſourde, tenaille,
Et tant d'autres outils dont noſtre main trauaille.

LE BRAS-DE-FER.

Le morçeau, pour ietter en la gueule du chien,
L'auez-vous apporté? ne nous manque-t'il rien?

LE BALAFRE'.

Tout eſt preſt.

LE BRAS-DE-FER.

C'eſt aſſez, allons, la nuiſt s'auance.

BERONTE.

J'ay dans la Gibeciere vn outil d'importance,
C'eſt la main d'vn Pendu dont ie vous feray voir,
En cette occaſion l'admirable pouuoir,
Mettant à chaque doigt vne chandelle noire,
Et prononçant deſſus quelques mots du Grimoire,
J'oze bien aſſeurer que ceux qui dormiront,
Ne s'éueilleront pas tant qu'elles bruſleront.

LE BORGNE.

Hé! s'ils ſont éueillez?

BERONTE.

Ils nous verront tout prendre,
Sans pouuoir ny parler, ny mesme se deffendre.

LE BRAS-DE-FER.

Quel esprit eust iamais plus de credulité?
C'est vn conte de vieille à plaisir inuenté,
Défions-nous tousiours de la force des charmes,
Et ne nous asseurons qu'en celle de nos armes;

BERONTE.

Mais si par vn mal-heur nous sommes apperceus,
Que faire?

LE BALAFRE.

On ne doit point consulter là-dessus,
Il faut que nostre main au carnage occupée,
Passe indifferemment tout au fil de l'espée.

BERONTE.

Je ne tueray iamais, si ie n'y suis forcé,

LE BRAS-DE-FER.

La pitié du Barbier est cruelle au blessé,
Et celle du Voleur est cruelle à luy-mesme,

N iij

Et le plonge souuent dans vn mal-heur extrème,
De nos crimes iamais ne laissons de témoins,
On nous recherche aprés auecque trop de soins,
Vn Preuost nous attrappe, et puis vne potence:
Est de nostre pitié la iuste recompense;
Mais deuois-tu toy-mesme à ce vol nous porter?
Pour t'éforcer aprés de nous en degouster?
As-tu cuue ton vin? n'es-tu point yure encore?

BERONTE

Le meurtre me déplaist, c'est chose que i'abborre,
Desrobons plus de bien, et versons moins de sang,

LE BALAFRE.

Quoy, desia de frayeur vous deuenez tout blanc?

BERONTE

Plaise au Ciel que ce vol ne nous soit pas funeste:

LE BALAFRE.

Funeste, ou bien-heureux, i'y couche de mon reste,
Et quiconque viendra me saisir au colet,
Se verra saluer d'vn coup de pistolet.
Mais puis que vous tremblez d'vne frayeur si forte,
Au moins faites le guet auprés de cete porte,
Cependant sans tarder nous entrerons tous trois;

Par celle où sur le soir vous entrez quelquesfois,
Nous l'ouurirons sans bruit, mais non pas sans lumiere
Donnez-nous la Lanterne auec la Gibeciere,
De clartez & d'outils nostre addresse à besoin.

BERONTE.

Seray-ie icy tout seul !

LE BALAFRE'.

Nous n'en serons pas loin,
Prestez l'oreille au bruit, faites la sentinelle,
Et si l'on vous descouure enfilez la venelle ;

BERONTE.

S'il tombe sur mon dos vne gresle de coups,

LE BALAFRE'.

Vous n'auez qu'à siffler, & nous viendrons à vous.

BERONTE.

Tandis que vous viendrez, s'il aduient qu'on me tuë,

LE BALAFRE'.

Que de vaines frayeurs vostre ame est combatuë ;
Nous serons plus heureux, ce mal n'aduiendra point,
Adieu, conseruez bien le moule du pourpoint.

Ils s'en vont.

BERONTE.

Conseruez bien le vostre, & si l'on vous attrappe,
Et que de ce danger par miracle j'eschappe,
A quelque question que vous soyez soubmis,
Ayez tousiours bon bec, beuuez à vos amys,
Allez, & que le Ciel rende vaine la crainte,
Qui m'attaque & me porte vne si viue atteinte :
Il me semble desia que tout ce que ie voy
Se transforme en Sergent, se vient saisir de moy,
Et m'enferme à cent clefs, où desia d'auanture,
I'ay sans deuotion trop couché sur la dure :

Lucidor
passe pour
aller enle-
uer Flo-
rinde.

Mais où va ce fendant que i'entreuoy de loin,
Le manteau sur le nez, marcher l'espée au poing ?
Siffleray-ie, ou plutost quitteray-ie la place ?
Il passe outre, & mon sang est encor tout de glace,
La crainte qui souuent fait voir ce qui n'est pas,
Vient de me figurer l'image du trespas,
I'ay presque pris la fuitte, & i'ay veu ce me semble
En cet homme tout seul cinquante Archers ensemble,
Ie n'auois pas quinze ans, que le vol d'vn manteau,
Fit que l'on m'attacha le dos contre vn posteau,
Où le cou dans le fer, & les pieds dans la boüe :
Aux passans malgré moy ie fis long-temps la moüe,
Ie fus marqué depuis à la marque du Roy,
Et si l'on me reprend n'est-ce pas fait de moy ?

                                        Il n'est

Il n'est point de present, d'amy, ny d'artifice,
Qui puiſſent m'exempter d'vn infame ſupplice ;
Il faudra qu'en charrette, & ſuiuy du Bourgeois,
I'aille ſans violons danſer au bout d'vn Bois.
Mais qui cauſe les bruits qui maintenant s'entendent? *Ce bruit*
Et fait que tant de gens & montent & deſcendent ; *eſt cauſé*
Sifflons, ſifflons encor ; ha ! Dieu pas vn ne vient, *par les Vo-*
S'ils ne ſont deſia pris, qu'eſt-ce qui les retient? *leurs, qui*
Quel battement de pied ! quel cliquetis d'eſpées ! *eſtant deſ-*
Quel murmure confus de voix entrecouppées ? *couuerts*
Fuyons, mais où fuyray-ie ! helas de tous coſtez, *taſchent a*
Ce ne ſont que Voiſins, ce ne ſont que clartez : *ſe ſauuer.*
Ils ont pris ces Filous, ils me cherchent peut-eſtre,
Et i'en tiens pour long-temps, s'il m'aduient de pareſtre :
Laiſſons-les donc r'entrer, auant que de partir,
Cependant cachons-nous, i'entens quelqu'vn ſortir,

Il ſe cache.

✿✿✿✿✿✿✿✿✿✿✿✿✿✿✿✿✿✿✿✿✿✿✿✿✿

SCENE TROISIESME.

OLYMPE, RAGONDE, BERONTE, caché.

OLYMPE, ſeule.

AV Voleur, au Voleur, accourez à mon ayde,

RAGONDE.

Eſt-ce donc de chez-vous que ce grand bruit procede?

O

Madame, auec frayeur ie me viens d'éueiller,
Et pour vous secourir, ie sors sans habiller,

OLYMPE.

Des Larrons sont entrez par la petite porte,
Et nul que Lucidor ne me preste main forte :
Ma maison est perduë.

RAGONDE,

Il se bat comme il faut,
Et seul à ces Coquins fera gaigner le haut,
Mais le voicy.

✦✦✦✦✦✦✦✦✦✦✦✦✦✦✦✦✦✦✦

SCENE QVATRIESME

LVCIDOR, OLYMPE, RAGONDE,
BERONTE, caché.

LVCIDOR.

Madame, ils ont tous fait retraitte,
Aprés s'estre sauuez par la porte secrette ;
Mais qui vois-ie à ce coin ?

BERONTE caché.

Dieu ! ie tremble d'effroy,
Fends-toy par la moitié, muraille cache-moy.

OLYMPE.

C'est vn Voleur, prenez-le, il faut qu'il rende l'ame,
Entre mille tourmens.

BERONTE.

Grace, grace, Madame
Et ie vous sauueray l'honneur auec le bien,

OLYMPE.

Tu fais vne promesse où ie ne comprens rien :
Mon bien & mon honneur sont-ils prés du naufrage ?
Parle plus clairement, esclaircy ce langage,
Et si tu m'auertis de quelque trahison,
Ie t'exempte de tout, mesme de la prison.

BERONTE.

Donc sur vostre parolle escoutez vne histoire,
Que d'abord vostre esprit refusera de croire.
Tersandre, qui chez-vous se voit combler d'honneur,
Qui fait du magnifique, & tranche du Seigneur,
N'est rien asseurement de tout ce qui vous semble.

OLYMPE

N'est-il pas honneste-Homme, & riche tout ensemble.
Ses merites par tout auiourd'huy sont prisez ?

Et ſes biens trop cognus l'ont fait mettre aux Ayſez?

BERONTE.

Qu'en Eſpions le Roy deſpend mal d'ordinaire,

OLYMPE.

Qui ne s'explique mieux gaigne autant à ſe taire:

BERONTE.

Que diriez-vous de luy, ſi par ſubtilité,
Ce Matois abuſant voſtre credulité,
Eſtoit le plus grand Gueux que le Soleil regarde?

OLYMPE.

Où donc auroit-il pris tout ce que ie luy garde?
Ces chaiſnes d'or maſſif? & ce gros diamant?

BERONTE.

Ce ſont chaiſnes qu'il fait de cuiure ſeulement;

OLYMPE.

Quoy ce n'eſt pas bon or? ô grand Dieu quelle bourde:
Et ce gros diamant.

BERONTE.

C'eſt vne happelourde;

Ie l'ay veu trauailler, ie l'ay seruy vingt mois,
Et ie sçay les bons tours qu'il a faits mille fois.

OLYMPE.

O mal-heur! mais ie veux que ces biens soient friuoles,
Ne luy gardons-nous pas deux grands sacs de pistoles;

BERONTE.

Ie croy qu'au Roy d'Espagne elles ont cousté peu,
A faire fabriquer.

OLYMPE.

Desnoüë, ou romps ce nœu,
Est-il faux Monnoyeur?

BERONTE.

Il n'a point de semblable,
Pour fondre les metaux, ny pour ietter en sable.

OLYMPE.

O le plus Scelerat du reste des humains?   [mains?
Mais pourquoy mettre ainsi ces biens faux en mes

BERONTE.

Pour éblouir vos yeux, & ceux de sa Maistresse,
Par les trompeurs appas d'vne feinte richesse.

O iij

RAGONDE.

Dieu quel Maistre Gonin,

BERONTE.

        Il fait bien d'autres coups,
Mais ie croirois plutost qu'il les cacha chez-vous,
De crainte que le temps descouurant toutes choses,
Ne vint à descouurir chez-luy le pot aux roses,
Et que quelque Grippeur de mauuais Garnement,
Ne le fist malgré luy changer de logement.

LVCIDOR.

Il s'en faut esclaircir.

OLYMPE.

        Ie n'ay point d'autre enuie,
Si ton rapport est vray, ie te donne la vie,
Mais s'il est faux aussi tu seras maltraitté,
Entrons visitons tout.

                        Elle rentre

LVCIDOR.

        Dis-tu la verité
Mais ne t'ay-ie pas veu sous moy porter les armes?

Lucidor
recognoist
Beronte.

Ouy c'est toy qui tremblois aux premieres allarmes,
Et dont l'yurognerie oza tant m'offenser,

Que de ma Compagnie il te fallut chasser.
Tu viuois en pourceau, tousiours la panse pleine:
Mais tu veux t'eschapper, Maraut,

BERONTE

Mon Capitaine,

Me tiendra-t'on promesse?

LVCIDOR

Ouy, si tu ne mens point.

BERONTE.

Que puissét vos Goujats m'oster gregue & pourpoint,
Et m'en donner par tout, si c'est vne imposture.

LVCIDOR.

Entre donc, & sans peur vien finir l'auanture.

Ils r'entrent.

RAGONDE seule.

Que d'vn tour si subtil i'ay l'esprit estonné!
Fust-ce Nostradamus l'auroit-il deuiné?   [les?
Quoy, ce n'est qu'vn Trompeur, qu'vn Donneur de brico-
Qu'vn Attrapeminon, qu'vn Rogneur de pistolles,
Qu'vn Gueux pour tout potage, encor que tous les iours
Monté comme vn sainct George il face mille tours!
Il n'est rien si trompeur qu'vne belle apparence,

Comment donc là deſſus fonder quelque aſſeurance ?
Aucun ſur ce qu'il voit ne peut prendre party,
Et doit dire à ſes yeux, vous en auez menty :
Mais voicy ce Mangeur de charrette ferrée,
Qui m'eſt venu tantoſt faire vne eſchauffourrée,
Les rayons de la Lune à mes yeux le font voir.

SCENE CINQVIESME.

TERSANDRE. RAGONDE.

TERSANDRE.

QVels cris ay-je entendus ? ne le puis-je ſçauoir ?

RAGONDE.

Ce ſont Voleurs, Monſieur, qu'on cherche par la Ville,
Vous ſont-ils point cognus ?

TERSANDRE.

La demande eſt ciuile,
A qui crois-tu parler ?

RAGONDE.

A qui ie ne dois rien.
A qui me cognoiſt mal, & que ie cognois bien.
A qui

A qui doit s'en aller vendre ailleurs ses coquilles,
A qui croit que ie fois Reuendeuse de filles.
Et pour me faire affront m'a tenu des propos,
A se faire casser cent bastons sur le dos.

TERSANDRE.

Ha! ie te recognois, mais à cette heure induë,
Que fais-tu toute seule au milieu de la ruë?
Ayant trop bû d'vn coup, tu cherches ton chemin.

RAGONDE.

Ie predy presque tout, quand i'ay bû de bon vin,
Et sans aucun aspect d'Estoille, ny de Lune,
Ie vous dirois bien-tost vostre bonne-Fortune.

TERSANDRE.

Cognois-tu l'aduenir?

RAGONDE.

Ouy, mieux que le passé,
D'vn bizarre trespas vous estes menacé,
Et vous mourrez en l'air faisant la capriole.

TERSANDRE.

Et plus que ton sçauoir, si le mien n'est friuole,
Auec quelque Commere ayant le verre en main,

P.

Tu mourras en chantant beuuons iusqu'à demain:
I'excuse ton yureffe à nulle autre pareille,
Et ie pardonne au vin, mais garde la bouteille.

RAGONDE.

                               [vous

Gardez-vous bien vous mefme, autrement doutez-
Que l'on ne vous enferme en la boëtte aux cailloux?
Ne vous defguifez plus, il faut leuer le mafque,
Songer à la retraitte, & courir comme un Bafque;
On vous cherche par tout, & ie vous donne aduis
De chauffer des fouliers qui foient fans ponlevis.

TERSANDRE.

Que dit cette Infensée ?

RAGONDE.

                       On fçait de vos affaires,
Les feintes maintenant vous font peu neceffaires.

TERSANDRE.

Moy feindre ! moy fuir ! as-tu perdu le fens ?

RAGONDE.

N'apprehendez-vous point d'eftre veu des Paffans ?
Que de tous vos bons tours on ne fçache le nombre,
Et que de peur du hafle on ne vous mette à l'umbre?

Bandez viste la Quaisse, ostez tout de ce lieu,
N'oubliez rien enfin sinon à dire adieu.

TERSANDRE.

Moy?

RAGONDE.

Vous mesme.

TERSANDRE.

Hé, qui donc t'a conté cette Fable?

RAGONDE.

Celuy mesme qui vient.

SCENE SIXIESME.

TERSANDRE. RAGONDE. BERONTE.

TERSANDRE.

Qu'as-tu dit Miserable?

BERONTE.

Mais vous qu'auez vous fait, m'ayant si mal traitté,
Pour auoir fait faillite à vostre lascheté?

P ij

Ferois-je le Lyon, quand vous faites la Cane?
Vous auez pris dequoy me fangler comme vn Afne;
Et si ma fuite alors n'eut trompé voftre main,
J'aurois demeuré tard à me leuer demain:
Mais n'aguere eftant preft, pour vn vol d'importance,
D'aller danfer fur rien au bout d'vne potence;
J'ay, pour m'en exempter, & me venger aufsi,
Fait de vos actions vn portrait racourcy:
Ouy, Florinde & fa Mere ont veu de quelle adreffe
Vous fçauez des plus fins abufer la fineffe:
Ce qu'elles vous gardoient elles l'ont vifité,
Ie leur en ay fait voir toute la fauffeté;
Et par ce feul moyen i'ay rachepté ma vie,
Qu'vn colier trop eftroit euft fans doute rauie.

TERSANDRE.

Ha perfide!

RAGONDE.

Tout beau, foyez moins Furibon,
Eftant feul contre deux vous n'auriez pas du bon.

TERSANDRE.

Il mourra, l'Impofteur,

BERONTE.

Rengainez ie vous prie,

Ou ie me ietteray sur vostre fripperie,
Vous feray sous ma main passer & repasser,
Et iamais Violon ne vous fit mieux danser.

TERSANDRE.

Hei ie puis d'vn valet endurer cet outrage?

RAGONDE.

Adieu Monsieur l'Escroc.

BERONTE.

Adieu, deuenez sage.

TERSANDRE.

Ie deuiendray Bourreau, pour te rompre le cou.

BERONTE.

Ha Dieu quel coup de pied ma lancé ce Filou!

RAGONDE.

Ha Dieu quel coup de poing! ie voy mille chandelles.
Au voleur.

BERONTE.
Au secours.
TERSANDRE.
Fuyons.

Tersandre donne vn coup de pied à Beronte, & vn coup de poing à Ragonde, & s'enfuit.

Il s'enfuit.

BERONTE.

Il a des aisles.

SCENE DERNIERE.

OLYMPE.   LVCIDOR.   FLORINDE.
RAGONDE.   BERONTE.

LVCIDOR.

Q*Vi donc crie au voleur? D'où prouient ce grand
bruit?*

RAGONDE.

Des coups que m'a donnez ce Fourbe qui s'enfuit.

Ragonde & Beronte r'entrent
pour courir apres Terfandre.

LVCIDOR.

cidor
ut courir
res Ter-
re, mais
lympe &
fille s'en
apescher.

Madame, laissez-moy, ie sçauray le poursuiure.

OLYMPE.

*Pour sa punition il le faut laisser viure,
Cependant mon honneur est blessé viuement,
Par le honteux dessein de cét enleuement:
Mais il a fait tout seul l'heureuse descouuerte,
De ces Voleurs de nuict qui conspiroient ma perte;*

Et sans qui toutesfois mon esprit abusé,
M'auroit donné pour gendre vn Filou desguisé.
Puis donc que vostre espée à ce poinct m'a seruie,
Qu'elle a sauué mon bien, mon honneur, & ma vie,
Ie vous pardonne tout, & vous promets encor,
Que Florinde iamais n'aura que Lucidor.

LVCIDOR.

O charmante promesse!

FLORINDE.

O faueur non commune!

OLYMPE.

Allez vous reposer, benissez la Fortune
Qui fait que dés demain pour finir vos langueurs,
L'Hymen ioindra vos corps, comme Amour ioint
    vos cœurs.

Fin du cinquiesme & dernier Acte.

www.ingramcontent.com/pod-product-compliance
Lightning Source LLC
Chambersburg PA
CBHW051729090426

42738CB00010B/2168